555 FRAGEN UND ANTWORTEN

LÄNDER UND VÖLKER

FRAGEN & ANTWORTEN

Parragon

Bath • New York • Singapore • Hong Kong • Cologne • Delhi
Melbourne • Amsterdam • Johannesburg • Auckland • Shenzhen

Inhalt

WARUM STARBEN DIE DINOSAURI
WELCHER IST DER SCHNELLSTE VO
WAS SIND STALAGMITEN?
WORAUS BEREITET MAN SCHWAR
WELCHER STAAT
SIND ALLE HAIE JÄ
WER WAR AM W

ÖNNEN FLUSSPFERDE SCHWIMMEN?
AUS?
WAS IST DIWALI?
WELCHE IST DIE GRÖSSTE BLÜTE?
EN TEE? WO SPRECHEN TROMMELN?
EGT IN EINER STADT?
R? GIBT ES IN DER WÜSTE PFLANZEN?
TLAUF ZUM MOND BETEILIGT?
WER WAREN DIE INKAS?
WAS IST EIN POW-WOW?

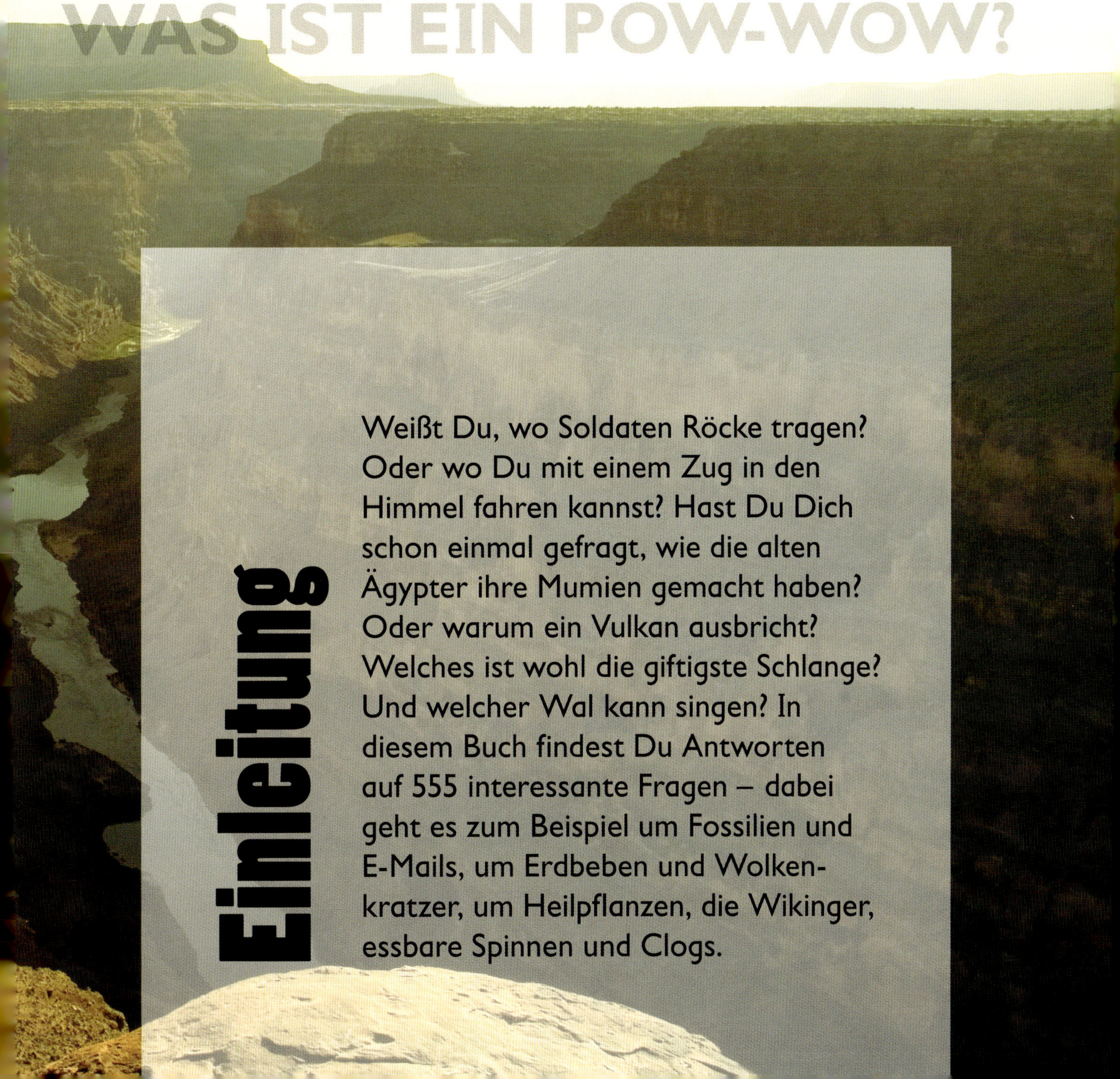

Einleitung

Weißt Du, wo Soldaten Röcke tragen? Oder wo Du mit einem Zug in den Himmel fahren kannst? Hast Du Dich schon einmal gefragt, wie die alten Ägypter ihre Mumien gemacht haben? Oder warum ein Vulkan ausbricht? Welches ist wohl die giftigste Schlange? Und welcher Wal kann singen? In diesem Buch findest Du Antworten auf 555 interessante Fragen – dabei geht es zum Beispiel um Fossilien und E-Mails, um Erdbeben und Wolkenkratzer, um Heilpflanzen, die Wikinger, essbare Spinnen und Clogs.

Geschichte

Altes Ägypten

Die Hochkultur des alten Ägypten entstand etwa 3150 v. Chr. in Nordostafrika. Unter der Herrschaft der Pharaonen entwickelten sich die Ägypter zu großartigen Baumeistern, Künstlern und Wissenschaftlern.

WIE ALT SIND DIE PYRAMIDEN?

Die erste Pyramide wurde zwischen 2630 und 2611 v. Chr. für König Djoser erbaut. Zuvor begrub man einen Pharao in einer Mastaba (ein flacher rechteckiger Bau). Die letzte Pyramide wurde in Ägypten um 1530 v. Chr. errichtet.

WARUM WURDEN DIE PYRAMIDEN ERBAUT?

Pyramiden sind riesige Grabmäler für Pharaonen und Adelige. Die Ägypter glaubten, dass der Geist eines Toten nach dem Tod weiterlebt, wenn man seinen Körper konserviert. Die Körper toter Pharaonen waren besonders wichtig: Ihre Geister halfen, das Königreich Ägypten zu erhalten. Deshalb begrub man ihre Mumien in den prächtigen Pyramiden – zusammen mit Edelsteinen und Gewändern.

CHEPHREN-PYRAMIDE

Die Pyramide für Pharao Chephren wurde etwa 2530 v. Chr. in Gizeh fertiggestellt.

WIE BAUTE MAN DIE PYRAMIDEN?

Ohne Maschinen! Tausende von Arbeitern bauten in der heißen Sonne die Fundamente, schleppten Steinblöcke aus Steinbrüchen herbei und errichteten aus ihnen die Mauern. Die meisten Arbeiter waren Bauern, und ihre Arbeit war ihr Tribut an den Pharao. Ausgebildete Handwerker schnitten die Steinblöcke zu.

WARUM WAR DEN ÄGYPTERN DER SKARABÄUS HEILIG?

Der Skarabäus ist ein Käfer, der aus Tierkot Kugeln dreht. Für die Ägypter symbolisierten die Kugeln die Sonne, die Leben spendet. Sie hofften, der Skarabäus würde ihnen ein langes Leben schenken.

WIE MUMIFIZIERTE MAN DIE TOTEN?

Das Mumifizieren war kompliziert und teuer. Zuerst entfernte man die inneren Organe, dann behandelte man den toten Körper mit Chemikalien und ließ ihn austrocknen. In Leinenbandagen gewickelt legte man ihn in einen prächtigen Sarg.

MUMIE

Nach dem Einbalsamieren wickelte man den Körper in Bandagen und legte ihn in einen Sarg.

WARUM WAR DER NIL SO WICHTIG?

Weil es in Ägypten kaum regnete. Jedes Jahr überflutete jedoch der Nil die Felder an den Ufern und brachte schwarzen Schlamm mit: Dünger für die Nutzpflanzen. Mit Kanälen leiteten die Bauern Wasser zu den Feldern. Alle großen Städte lagen am Fluss. Mit Booten transportierte man auf dieser Wasserstraße Menschen und Güter.

FELUCKEN

Seit Jahrtausenden wird der Nil mit Holzbooten, den Felucken, befahren.

Griechenland und Rom in der Antike

Seit dem 8. Jahrhundert v. Chr. schufen Baumeister, Künstler und Philosophen in Griechenland eine großartige Kultur. Im 3. Jahrhundert v. Chr. kamen die Römer in der Region an die Macht.

RÄTSELFRAGE ?

WARUM HATTEN GRIECHISCHE TEMPEL SO VIELE SÄULEN?

Wahrscheinlich wurden die Tempel griechischen Palästen nachgebaut, deren Dächer von vielen Holzsäulen gestützt wurden.

WARUM ERRICHTETE DER RÖMISCHE KAISER HADRIAN EINEN WALL?

Um die Grenzen des Römischen Reichs zu bewachen, das sich von Großbritannien bis nach Nordafrika erstreckte. Die Mauer verlief im Norden Großbritanniens von einer Küste zur anderen. Kaiser Hadrian (reg. 117–138) besuchte häufig die an den Grenzen stationierten Truppen.

TEMPEL

Harmonie und Ordnung waren Grundprinzipien der Architektur.

HADRIANSWALL

Römische Soldaten waren hier stationiert und hielten nach Angreifern Ausschau.

WARUM ERRICHTETEN DIE GRIECHEN SO VIELE TEMPEL?

Weil sie viele Götter und Göttinnen verehrten! Die Griechen glaubten, jeder Gott brauche eine Wohnstätte. Jeder Gott hatte besondere Kräfte, um die die Menschen den Gott in seinem Tempel anriefen. Zeus war der Göttervater und Aphrodite die Göttin der Liebe.

WIE SAHEN DIE URSPÜNGLICHEN OLYMPISCHEN SPIELE AUS?

Seit 776 v. Chr. fand in der Stadt Olympia alle vier Jahre ein sportlicher Wettkampf statt. Athleten aus ganz Griechenland reisten an, unter ihnen Läufer, Boxer und Ringer.

RÖMISCHER SOLDAT

Die Nachbildung der römischen Soldatenuniform hat Brustpanzer, Speer und Schwert.

WER WAREN DIE RÖMISCHEN ZENTURIONEN?

Ein Zenturio war ein Offizier. Bei Paraden trugen diese Männer einen Brustpanzer aus Metall, und ihr Helm war mit Pferdehaar geschmückt. Sie trugen außerdem Beinschienen.

HATTEN DIE RÖMER EINE ZENTRALHEIZUNG?

Ja, sie erfanden das Hypokaustum: Luft, die mithilfe eines Holzofens erhitzt wurde, zirkulierte in Schächten unter dem Fußboden.

Wikinger

Die Wikinger kamen aus Norwegen, Dänemark und Schweden. Von etwa 800 bis 1100 unternahmen sie Raubzüge in Europa. Sie mordeten, legten Brände und nahmen alles mit, was sie transportieren konnten.

WAREN DIE WIKINGER GUTE SEEFAHRER?

Ja, sie segelten in ihren offenen Langbooten Tausende von Meilen über die eisigen Nordmeere. Sie navigierten, indem sie Sonne und Sterne beobachteten.

LANGBOOT

Ein Wikingerboot lag stromlinienförmig im Wasser – wie diese Rekonstruktion zeigt.

AN WELCHE GÖTTER GLAUBTEN DIE WIKINGER?

Die Wikinger beteten viele verschiedene Götter an. Thor war der Gott des Donners, Odin der Gott der Weisheit und des Krieges. Die Göttin Freya brachte Frieden und eine gute Ernte.

WORAUS WAREN DIE WIKINGERSCHIFFE GEBAUT?

Aus schmalen, gebogenen Holzplanken, die an einem Kiel befestigt waren. Die langen, schmalen Kriegsschiffe konnten schnell segeln. Männer ruderten, und der Wind fing sich im großen, rechteckigen Segel.

WAREN DIE WIKINGER IN NORDAMERIKA?

Ja, etwa um das Jahr 1000. Ein kühner Abenteurer, Leif Ericsson, segelte von Grönland nach Westen, bis er „Vinland“ erreichte, das heutige Neufundland in Kanada. Dort gründete er eine Farm, geriet aber in Streit mit den Einheimischen und kehrte nach Hause zurück.

LEIF ERICSSON

Dieser Abenteurer stammte aus einer Wikingerkolonie in Grönland.

WAS BEDEUTET DER NAME „WIKINGER“?

Das Wort stammt von dem alten skandinavischen Wort vik, das „schmale Bucht am Meer“ bedeutet. Dort lebten die Wikinger. Da das Überleben in ihrer kalten Heimat schwierig war, unternahmen sie Raubzüge in reichere Gegenden. Aber nicht alle Wikinger taten das. Manche reisten und besiedelten neue Gegenden, und viele lebten als Jäger und Bauern.

WAS ERBEUTETEN DIE WIKINGER?

Alles, was wertvoll war. Diesen Silberschatz (unten) mit Münzen und Gürtelschnallen vergruben sie im 10. Jahrhundert. Arbeiter entdeckten ihn 1840 in Lancashire in England. Die Wikinger entführten auch Menschen und verkauften sie als Sklaven.

Azteken, Mayas und Inkas

Vor der spanischen Eroberung im 16. Jahrhundert gab es in Zentral- und Südamerika bedeutende Hochkulturen. Die Menschen errichteten dort herrliche Städte und Pyramiden und waren hervorragende Astronomen und Mathematiker.

WER WAREN DIE INKAS?

Ein Volk, das in den Anden in Südamerika lebte (im heutigen Peru und Ecuador). Sie herrschten vom frühen 15. bis ins frühe 16. Jahrhundert über ein riesiges Reich.

MACHU PICCHU

Diese Stadt errichteten die Inkas um 1460 aus Stein.

WER BAUTE PYRAMIDEN, UM DIE STERNE ZU BEOBACHTEN?

Die Priester der Mayas, eines einst mächtigen Volkes in Mittelamerika (200–900). Sie errichteten riesige Stufenpyramiden mit Tempeln und Sternwarten auf deren Spitzen. Die Mayas waren kluge Astronomen und Mathematiker und entwickelten einen sehr genauen Kalender.

CHICHEN ITZA

Der Tempel auf der Stufenpyramide ist Kulkulcán gewidmet, dem Schlangengott der Mayas.

WER WAREN DIE AZTEKEN?

Die Azteken waren umherziehende Jäger, die um 1200 Mexiko erreichten. Sie führten mit den Menschen dort Kriege, errichteten die Stadt Tenochtitlán auf einer Insel in einem See und wurden bald reich und mächtig.

WER SCHRIEB IN BILDERN?

Die Mayas und Azteken. Die Mayas benutzten ein System aus Symbolen, sogenannten Glyphen. Sie schrieben faltbare Bücher, die Codices. Das Papier wurde aus der Rinde eines Feigenbaumes hergestellt.

WER ENTMACHTETE DIE MAYAS, AZTEKEN UND INKAS?

Spanische Eroberer, die im frühen 16. Jahrhundert Amerika erreichten. Sie wollten Schätze erbeuten, vor allem Gold.

RÄTSELFRAGE ?

WARUM WAREN LAMAS SO WICHTIG?

Lamas konnten in über 3000 Metern über dem Meeresspiegel überleben. Dort ist es kalt und windig, und nur wenige Pflanzen wachsen hier. Die Inkas webten aus Lamawolle Kleidung, und die Tiere transportierten Lasten auf den Bergpfaden.

Die Welt des Islam

LA MEZQUITA

Die islamischen Herrscher Spaniens errichteten in der Stadt Córdoba um 784 eine großartige Moschee.

Einst, etwa von 700 bis 1200, war die islamische Welt sehr mächtig – und in den Naturwissenschaften, Erfindungen und Architektur dem Rest der Welt voraus. Von Südspanien bis nach Indien herrschten islamische Führer.

WAS IST DER ISLAM?

Eine Religion, die der Prophet Mohammed begründete. Menschen, die dieser Religion angehören, nennt man Muslime. Mohammed war ein religiöser Führer in Arabien (570–632), der die Menschen lehrte, Allah, den einzigen Gott, zu verehren. Die islamische Welt wurde von Muslimen regiert und erstreckte sich von Spanien und Nordafrika über Zentralasien bis nach Nordwestindien. Hier galten die Gesetze des Islam.

WER WAREN DIE MONGOLEN?

Nomaden, die in Zentralasien umherzogen. 1206 vereinigten sich die mongolischen Stämme unter ihrem Führer, Dschingis Khan, um die Welt zu erobern. Auf seinem Höhepunkt erstreckte sich das Mongolische Reich von China bis nach Osteuropa.

ASTROLABIUM

Mit einem Astrolabium kann man navigieren und die Zeit bestimmen.

WER ERFAND DAS ASTROLABIUM?

Muslimische Wissenschaftler im Nahen Osten perfektionierten im 8. Jahrhundert das Astrolabium. Mit diesem Instrument konnten Segler auf dem Meer den Stand der Sonne messen und ihre Position bestimmen.

WER LEBTE IN EINER KREISRUNDEN STADT?

Die Bürger von Bagdad. Die Stadt wurde 762 von dem Kalifen al-Mansur gegründet. Baumeister und Architekten errichteten die runde Stadt samt einer dicken Stadtmauer. In Bagdad gab es Paläste, Moscheen, Krankenhäuser, Schulen, Bibliotheken und Gärten.

WAS SIND WÜSTENSCHIFFE?

So nennt man die Kamele der arabischen Händler. Sie sind die einzigen Lasttiere, die lange Zeit ohne Nahrung und Wasser überleben. Da sie in ihren Höckern Fett speichern, können sie eine mehrtägige Wüstentour überstehen.

RÄTSELFRAGE

WER WAREN DIE KREUZRITTER?

Christen und Muslime führten um Jerusalem (im heutigen Israel) mehrere Kriege – das Gebiet war Muslimen, Christen und Juden heilig. Die Kreuzzüge begannen 1095, als eine christliche Armee angriff (rechts). 1291 zwangen muslimische Soldaten die Christen zum Abzug, und die Hauptzeit der Kreuzzüge war zu Ende.

China und Japan

China gehört zu den ältesten Zentren menschlicher Kultur. Die ersten Städte wurden hier vor über 4000 Jahren gegründet. Auf den japanischen Inseln stellten Menschen schon vor 12000 Jahren Gefäße her, die zu den ältesten Keramikgefäßen der Erde gehören.

WARUM WAR CHINA SO REICH?

Dank der Erfindungen chinesischer Bauern und Baumeister wurde das Land fruchtbar. Im Mittelalter begannen sie, Wasser auf die Reisfelder zu leiten, legten ein Netz aus Bewässerungskanälen an und verbesserten so die Landwirtschaft. Auch mit Maschinen beförderte man Wasser zu den Feldern. Der Kaiser und die Regierung trugen mit ihrer Politik ebenfalls zum Wohlstand bei.

WAS BEDEUTET „CHINA“?

Der Name leitet sich von der Qin-Dynastie ab – der ersten Dynastie, die ein vereinigtes China regierte. Sie wurde von Chinas erstem Kaiser Yíng Zhèng gegründet (reg. 221–206 v. Chr.). Unter seiner Herrschaft vereinheitlichte man die Schrift, die Gewichts- und Maßeinheiten und errichtete die Chinesische Mauer.

GOLDENER PAVILLON

Der Pavillon wurde im 14. Jahrhundert in Kyoto in Japan errichtet.

WAS IST DAS REICH DER MITTE?

Die Chinesen glaubten, ihr Land sei das Zentrum der Welt; deshalb nannten sie es „Reich der Mitte“. Die chinesische Kultur war jahrhundertelang eine der fortschrittlichsten der Erde. In der Tang- und Song-Dynastie (618–1279) waren chinesische Städte wie Chang'an (das heutige Xi'an) die größten Städte der Erde.

VERBOTENE STADT

Im Palast in der Verbotenen Stadt, der 1406 erbaut wurde, lebte der Kaiser von China.

INNERER HOF

Ein Weg führt zum Palast der Himmlischen Klarheit, wo der Kaiser seine Gäste empfing.

WEM BEDEUTET DIE EHRE MEHR ALS DAS EIGENE LEBEN?

Ab dem 12. Jahrhundert waren die Samurai, japanische Krieger, sehr mächtig. Sie kämpften nach einem strengen Ehrenkodex: Selbstmord zu begehen galt als ehrenvoller, als eine Niederlage hinzunehmen.

WELCHE HERRSCHER SAHEN SICH ALS NACHFAHREN DER SONNENGÖTTIN?

Die Kaiser von Japan. Der erste japanische Kaiser lebte um 660 v. Chr. Seine Nachkommen regierten bis 1192 n. Chr. Später herrschten Shogune (Generäle), der Kaiser hatte nur noch religiöse und zeremonielle Macht.

WELCHES GEHEIMNIS WURDE STRENG GEHÜTET?

Das der Seidenherstellung in China. Jahrhundertelang beherrschte das sonst niemand. Frauen fütterten Seidenraupen mit Maulbeerblättern, und diese spannen sich Kokons aus Seidenfäden. Arbeiter töteten die Raupen mit heißem Dampf, wickelten die Fäden ab, färbten sie ein und webten daraus Stoffe.

SEIDENRAUPE

In China züchtet man seit mehr als 5000 Jahren Seidenraupen.

Europa

Nach dem Untergang des Römischen Reichs regierten Könige, Königinnen und Adelige die Länder Europas. Viele Menschen lebten in großer Armut.

WANN WAR DAS MITTELALTER?

Die meisten Historiker bezeichnen die Zeit vom Untergang des Römischen Reichs (um 500) bis etwa 1500 als Mittelalter.

WER BEWIRTSCHAFTETE LAND, DAS ANDEREN GEHÖRTE?

Arme Bauernfamilien mussten das tun, denn nach mittelalterlichem Recht gehörte alles Land dem König oder Adeligen. Die Bauern mussten Miete für ihre kleinen Häuser zahlen oder das Land bewirtschaften. Manchmal kam es zu Aufständen.

WER KÄMPFTE IN RÜSTUNGEN?

Europäische Könige und Ritter im Mittelalter. Männer aus Adelsfamilien lernten, zu kämpfen und Soldaten in die Schlacht zu führen, denn das war nach dem Gesetz ihre Pflicht. Ab etwa 1000 trugen Ritter einfache Kettenhemden, um 1450 fertigte man kunstvolle Rüstungen aus Metall an. Die teuersten Rüstungen waren mit Gold verziert.

RÜSTUNG

Die Rüstung bedeckte den Körper von Kopf bis Fuß.

WER ERRICHTETE BURGEN UND KATHEDRALEN?

RÄTSELFRAGE

Könige, Königinnen und Adelige. Die ersten Burgen waren aus Holz. Später baute man sie aus Stein. Große Kirchen in den Städten nannte man Kathedralen. Sie sollten Gottes Herrlichkeit preisen und die, die sie bezahlt hatten, ehren.

WER WAR DIE JUNGFRÄULICHE KÖNIGIN?

Elisabeth I. von England (reg. 1558–1603). Viele Menschen glaubten damals, eine Frau sei zu schwach, um zu regieren. Elisabeth (oben) belehrte sie eines Besseren: Unter ihrer Regentschaft wurde England mächtiger.

NOTRE-DAME

Der Bischof von Paris ordnete 1163 den Bau dieser Kathedrale an.

WELCHER RUSSISCHE ZAR WAR SEHR GRAUSAM?

Iwan IV., der auch als Iwan der Schreckliche bekannt ist. Er wurde 1533 im Alter von drei Jahren zum Zaren (Herrscher über Russland). Er war schlau, aber skrupellos. Außerdem erließ er Gesetze, die den Bauern viele Rechte nahmen, sodass sie fast wie Sklaven lebten.

Afrika und Indien

Im Mittelalter waren afrikanische Städte reiche Zentren, in denen gelehrt und gehandelt wurde. Händler reisten bis nach Indien und Südostasien. Im Lauf der Geschichte gab es in Indien viele große Reiche, von der Maurya-Dynastie (322–185 v. Chr.) bis hin zu den Moguln.

WOHIN SEGELTE MAN MIT DAUEN?

Dauen waren Schiffe reicher Händler in Hafenstädten wie Kilwa in Ostafrika. Diese segelten damit bis ins Rote Meer und zum Persischen Golf, wo sie Perlen und Parfüms kauften. Über den Indischen Ozean gelangten sie nach Indien, Malaysia und Indonesien, wo sie mit Seide, Edelsteinen und Gewürzen handelten.

WELCHE AFRIKANISCHE STADT HATTE EINE BERÜHMTE UNIVERSITÄT?

Timbuktu im heutigen Mali in Westafrika. Die Stadt wurde im 11. Jahrhundert gegründet. Hier unterrichtete man muslimische Schüler aus vielen Ländern. Es gab Moscheen, Märkte, einen Palast und eine Bibliothek.

DAU

Eine üblicherweise aus Holz gebaute Dau wird mit einem Dreieckssegel angetrieben.

WELCHE KÖNIGE ERRICHTETEN HOHE TÜRME?

Könige der Shona in Südostafrika (reg. 1100–1600) ließen eine Stadt namens Groß-Simbabwe erbauen. Simbabwe bedeutet „Steinhäuser“. Die Stadt war eine massive Festung.

WER GRÜNDETE IN INDIEN EINE NEUE RELIGION?

Guru Nanak in Nordwestindien (1469–1539). Er lehrte, dass es nur einen Gott gibt und dass die Menschen sich wie Brüder und Schwestern gegenseitig respektieren sollten. Seine Anhänger sind die Sikhs.

WIE LANG REGIERTEN DIE MOGULN INDIEN?

Über drei Jahrhunderte lang (1526–1858). Die Dynastie der Moguln stammt vom großen Mongolenführer Dschingis Khan ab („Mogul" ist die nordindische Schreibweise von „Mongole"). Der letzte Mogul wurde entmachtet, als Großbritannien in Indien die Herrschaft übernahm.

GOLDENER TEMPEL VON AMRITSAR

Der herrliche Tempel, mit dessen Bau man 1574 begann, ist ein Heiligtum der Sikhs.

TAJ MAHAL

20000 Arbeiter von weit her, aus Persien und Syrien, errichteten das Bauwerk.

WER ERBAUTE DEN TAJ MAHAL?

Der Großmogul Shah Jahan (reg. 1628–1658). Als seine Frau Mumtaz Mahal starb, war er so traurig, dass er ihr ein herrliches Grabmal errichten ließ, den Taj Mahal. Der weiße Marmor ist mit Gold und Halbedelsteinen verziert.

Pazifischer Ozean

Australien, Neuseeland und die polynesischen Inseln liegen im Pazifischen Ozean. Wahrscheinlich waren Menschen aus Südostasien dort die ersten Siedler. Im 16. Jahrhundert erkundeten Europäer diese Region.

WER WAREN DIE ERSTEN WELTUMSEGLER?

Die Besatzung der *Victoria* von Ferdinand Magellan, einem portugiesischen Entdecker. 1519 segelte er mit diesem Schiff von Europa aus nach Westen. Auf den Philippinen wurde er in einem Kampf getötet. Sein Kapitän, Sebastian Elcano, konnte die Reise vollenden und kehrte geschwächt, aber stolz 1522 nach Europa zurück.

RÄTSELFRAGE

WIE HALFEN SEELEUTE DER WISSENSCHAFT?

Europäische Seeleute beobachteten auf ihren Reisen oft Pflanzen und Tiere und brachten Exemplare mit nach Hause. Als Kapitän James Cook den Pazifik erkundete, waren auch Künstler und Wissenschaftler an Bord.

KAPITÄN COOK

Dieses Bild fertigte John Webber an, Kapitän Cooks Maler, als die Expedition 1799 Hawaii erreichte.

LEBTEN DIE ABORIGINES SCHON IMMER IN AUSTRALIEN?

Nein, sie kamen wahrscheinlich vor 60 000 Jahren aus Südostasien, als das Meer um Australien weitaus flacher war als heute. Vielleicht konnten sie über das Festland einwandern oder kamen mit Booten. Vermutlich brachten sie Hunde mit, die Vorfahren der heutigen Dingos. Sie waren Wach- und Jagdhunde und wärmten die Menschen, wenn sie in der Wüste schliefen, wo es nachts sehr kalt wird.

WER WAREN DIE ERSTEN ENTDECKER NEUSEELANDS?

Die Maori, Bewohner einiger Pazifikinseln, die ab etwa 1150 neue Gegenden besiedelten. Man fand aber auch Besiedlungsspuren aus der Zeit um 800.

MAORI-SCHNITZWERK

Holzschnitzereien an Gebäuden und geschnitzte Schmuckgegenstände gehören zur Maori-Kultur.

WIE ÜBERQUERTEN DIE POLYNESIER DEN PAZIFISCHEN OZEAN?

Sie segelten und paddelten in großen Auslegerkanus. Sie beobachteten die Wellen und die Sterne – und fertigten aus Ästen und Schnecken Stabkarten an, mit denen sie navigierten.

POLYNESISCHES KANU

Das Kanu hat einen Ausleger, sodass es stabiler im Wasser liegt.

Nordamerika

Älteste Hinweise auf eine Besiedlung Nordamerikas sind 14 000 Jahre alt. Die Vorfahren der heutigen Indianervölker waren Bauern, Jäger und Händler. Die ersten europäischen Siedler kamen in der Mitte des 16. Jahrhunderts dort an.

WAS ERZÄHLEN DIE TOTEMPFÄHLE?

Indianervölker, die im Nordwesten Nordamerikas in den Wäldern lebten, schnitzten hohe Totempfähle. Sie erzählen die Geschichte der Familien und alte Legenden von mächtigen Geistern, die in den Bergen, wilden Tieren und in den Bäumen leben.

WER LEBTE IN DEN GREAT PLAINS?

Jäger verschiedener Indianerstämme, wie der Sioux und der Cheyenne. Europäische Siedler hatten Pferde mit nach Nordamerika gebracht. Die Indianer folgten nun im Sommer auf Pferden den Bisonherden in die „Großen Ebenen“. Sie jagten die Tiere und verwerteten Fleisch und Häute. Im Winter lebten sie in geschützten Tälern in Zelten. Vor der Einführung der Pferde waren die meisten amerikanischen Ureinwohner Bauern.

TOTEMPFAHL

Das Wort „Totem“ bedeutet in der Sprache der Ojibwa-Indianer „Familie“ oder „Stamm“.

WARUM WANDERTEN DIE PILGERVÄTER AUS?

Die Pilgerväter kamen aus England. Wegen ihres strengen Glaubens waren sie dort mit der Kirche und der Regierung in Streit geraten. 1620 segelten sie mit der *Mayflower* nach Nordamerika, um eine neue Gemeinschaft zu gründen, in der sie ihren Glauben in Frieden leben konnten.

WANN WURDEN DIE USA UNABHÄNGIG?

Am 4. Juli 1776 erklärten 13 englische Kolonien in Nordamerika ihre Unabhängigkeit. Sie wollten nicht länger von Großbritannien regiert werden und begründeten eine neue Nation, die Vereinigten Staaten von Amerika (USA). Großbritannien sandte weitere Truppen, um die Kolonien zurückzuerobern, wurde aber 1783 besiegt.

LIBERTY BELL

Der Überlieferung nach läutete man die „Freiheitsglocke" 1776, um die Unabhängigkeit zu verkünden.

WELCHE EUROPÄER BESIEDELTEN NORDAMERIKA ZUERST?

Spanische Kolonisten, die sich etwa um 1540 im heutigen Florida und Kalifornien niederließen. Engländer siedelten erstmals 1607 in Jamestown, Virginia und 1620 in Massachusetts.

RÄTSELFRAGE

WARUM GAB ES DEN BÜRGERKRIEG?

Der Amerikanische Bürgerkrieg (1861–1865) brach vor allem wegen Meinungsverschiedenheiten zur Sklaverei aus. Die Südstaaten waren auf afrikanische Sklaven angewiesen, die in den Baumwollplantagen arbeiteten. Die Nordstaaten hingegen wollten die Sklaverei verbieten. Die Nordstaaten siegten, und die Sklaverei wurde abgeschafft.

Die industrielle Revolution

Als industrielle Revolution bezeichnet man entscheidende Veränderungen in der Güterproduktion und der Arbeitsweise der Menschen. In Fabriken ersetzten Maschinen die Handwerker. Die Entwicklung begann 1775 in England und breitete sich auf andere Länder aus.

FABRIKARBEIT

Arbeiter schufteten an gefährlichen Maschinen.

WANN FUHREN DIE ERSTEN ZÜGE?

Seit dem 16. Jahrhundert transportierte man Kohle aus Bergwerken in Waggons, die von Pferden gezogen wurden. Die erste Eisenbahn für den Personenverkehr wurde 1825 in Nordengland von George Stephenson in Betrieb genommen. Dampflokomotiven zogen sie.

WER ARBEITETE IN DEN ERSTEN FABRIKEN?

Tausende armer Männer und Frauen, die vom Land in die schnell wachsenden Industriestädte gezogen waren. Sie hofften auf eine geregelte Arbeit und mehr Lohn. Die Gehälter in den Fabriken waren höher als die auf Bauernhöfen. Viele Fabriken waren aber schmutzig und gefährlich.

STEPHENSONS ROCKET

1829 baute George Stephenson eine Dampflokomotive – er nannte sie „Rakete".

HATTEN KINDER EIN BESSERES LEBEN?

Nein, denn oft arbeiteten sie 16 Stunden täglich in Fabriken und Bergwerken. Viele kamen bei Unfällen mit Maschinen ums Leben oder starben, weil sie Kohlestaub oder giftige Dämpfe eingeatmet hatten. Nach 1802 erließen die Regierungen Gesetze zum Schutz arbeitender Kinder.

WARUM WAREN ABFLÜSSE UND TOILETTEN SO WICHTIG?

Ohne sie konnten sich Krankheitserreger im Abwasser schnell verbreiten, denn die Industriestädte waren dicht besiedelt. In den Fabriken produzierte man deshalb Tausende von Toiletten!

WIE VERÄNDERTE DIE EISENBAHN DAS LEBEN DER MENSCHEN?

Mit Eisenbahnen wurden Rohstoffe zu den Fabriken und fertige Güter von den Fabriken zu den Geschäften transportiert und so Industrie und Handel angekurbelt. Auch frische Nahrungsmittel beförderte man vom Land in die Städte. Außerdem war das Reisen nun nicht mehr so beschwerlich.

WAREN DAMPFMASCHINEN WICHTIG?

Die Erfindung der Dampfmaschine war für die industrielle Revolution entscheidend. Eine Dampfmaschine kann Arbeit verrichten – mit heißem Dampf werden etwa Maschinen oder Züge angetrieben. So konnte man die Güter in Fabriken schneller produzieren und auch schneller zu den Kunden befördern.

Seit 1900 hat sich die Welt in vielerlei Hinsicht verändert. Viele Frauen arbeiten heute in Führungspositionen. Die Technik hat Fortschritte gemacht. Aber noch immer gibt es Kriege und Armut.

KRIEGSGRÄBER

Etwa zehn Millionen Soldaten starben im 1. Weltkrieg.

WAS WAR DER LANGE MARSCH?

Auf diesem grausamen Marsch wanderten etwa 100 000 Kommunisten auf der Flucht vor ihren Feinden über 12 000 Kilometer weit durch China. Ihr Anführer war Mao Tse-tung, der 1949 Chinas Führer wurde.

WER KÄMPFTE UND STARB IN DEN SCHÜTZENGRÄBEN?

Während des 1. Weltkriegs (1914–1918) kämpften dort Millionen junger Männer. Die Gräben, die man aushob, sollten die Soldaten vor den Kugeln schützen. Sie boten aber kaum Schutz vor Granaten, die in der Luft explodierten.

RÄTSELFRAGE

WER WARF DIE ERSTE ATOMBOMBE AB?

Die USA bombardierten am 6. August 1945 Hiroshima in Japan. 66 000 Menschen waren sofort tot, zwei Drittel der Gebäude zerstört (rechts). Wenige Tage später kapitulierte Japan, und der 2. Weltkrieg war zu Ende.

WAS WAR DER KALTE KRIEG?

Eine Zeit gefährlicher Spannungen zwischen den USA und der UdSSR, den beiden mächtigsten Nationen der Erde. Der Kalte Krieg dauerte von den 1940er- bis zu den 1980er-Jahren an. Die USA glaubten an die Demokratie und den Kapitalismus, die UdSSR war kommunistisch. Beide Länder misstrauten einander. Die Supermächte führten keinen Krieg, aber die Feindschaft führte weltweit zu regionalen Konflikten.

MANN AUF DEM MOND

Der amerikanische Astronaut Buzz Aldrin (links) betrat als zweiter Mensch den Mond. Der erste war sein Begleiter Neil Armstrong, der dieses berühmte Foto schoss.

WER WAR AM WETTLAUF ZUM MOND BETEILIGT?

Die UdSSR und die USA, die sich gegenseitig bei der Eroberung des Weltalls übertrumpfen wollten. Die Amerikaner gewannen den Wettlauf, als 1969 der erste Mensch den Mond betrat.

Länder der Erde

Eine Erde voller Menschen

Alle Menschen sind gleich – ganz egal, wo sie leben. Wir sprechen zwar verschiedene Sprachen und haben unterschiedliche Ansichten. Von unseren Eltern erben wir eine helle oder dunkle Haut. Dennoch sind wir alle Mitglieder einer riesigen Familie, die immer größer wird.

VIELE VÖLKER

An den Olympischen Spielen nehmen viele Nationen teil.

WAS IST EIN VOLK?

Menschen mit einer gemeinsamen Geschichte und einer gemeinsamen Sprache nennt man „Volk“ oder „ethnische Gruppe“. Oft leben in einem Land viele verschiedene Völker – in Tansania (Afrika) zum Beispiel 120.

IN WELCHEM LAND LEBEN DIE MEISTEN MENSCHEN?

In China leben die meisten Menschen. Es sind ungefähr 1 320 000 000, die meisten leben in großen Städten im Osten und Süden. Im Westen Chinas erstrecken sich Wüsten und einsame Gebirge.

WIE VIELE MENSCHEN LEBEN AUF DER ERDE?

Milliarden! 2009 lebten etwa 6,8 Milliarden Menschen auf unserem Planeten, mehr als doppelt so viele wie vor 50 Jahren.

WAS SIND DIE AM DICHTESTEN BESIEDELTEN ORTE?

In kleinen Ländern und großen Städten leben oft Millionen von Menschen. Bangladesh gehört zu den am dichtesten besiedelten Regionen der Erde. Fast 1100 Menschen leben hier auf einem Quadratkilometer Land.

REICHT DER PLATZ FÜR ALLE?

In jeder Minute kommen auf der Erde etwa 260 Babys zur Welt. Stell Dir das Geschrei vor, wenn sie alle in einem Raum wären! Im Jahr 2050 werden wahrscheinlich 9,1 Milliarden Menschen auf der Erde leben. Wenn die Weltbevölkerung weiter so schnell wächst, wird die Erde früher oder später überbevölkert sein. Vielleicht müssen Menschen zukünftig in Städten in den Ozeanen oder sogar auf anderen Planeten leben. Dafür müsste man diese Orte allerdings mit Sauerstoff versorgen können.

NEW YORK

Um Platz zu sparen, erbaut man hohe Wolkenkratzer.

Die Weltbevölkerung

Einige Teile der Erde verfügen über viele natürliche Ressourcen, zum Beispiel fruchtbaren Boden oder Erdöl. In anderen Regionen gibt es dagegen fast gar keine Rohstoffe. Die Menschen müssen auf der Suche nach Arbeit und Nahrung oft umherziehen.

RÄTSELFRAGE

SIND DIE MENSCHEN OFT UMGEZOGEN?

Im Lauf der Geschichte haben viele Völker weite Entfernungen zurückgelegt. Die Polynesier brauchten wahrscheinlich 2500 Jahre, bis sie die vielen Inseln im Pazifik besiedelt hatten. Viele Menschen wanderten in die USA ein, weil sie dort auf ein besseres Leben hofften.

AFRIKA

In vielen Teilen Afrikas ist der Boden unfruchtbar, und es regnet selten.

HABEN DIE MENSCHEN DEN PLANETEN VERÄNDERT?

Im Lauf der Zeit haben die Menschen die Welt verändert. Sie rodeten Wälder und stauten Flüsse an. Und sie erbauten riesige Städte und Straßen.

WARUM SIND MANCHE LÄNDER REICHER ALS ANDERE?

In manchen Ländern ist die Erde fruchtbar, sodass Nutzpflanzen gut gedeihen; in anderen gibt es Erdöl. In einigen Ländern ist der Boden jedoch unfruchtbar, und es regnet kaum. Dort müssen die Menschen oft um ihr Überleben kämpfen.

WO LEBEN MENSCHEN?

Menschen leben überall dort, wo sie ausreichend Nahrung und Wasser finden. Kein Volk lebt in der eisigen Antarktis. Nur Wissenschaftler haben dort Stationen errichtet, um die Gesteine, Eisberge und die Tierwelt zu erforschen. In der afrikanischen Sahara gibt es außer heißem Sand und Steinen nicht viel. Nur in den Oasen gelangen die Menschen an das lebensnotwendige Wasser.

WAS IST EIN KONTINENT?

Die großen Landmassen der Erde nennt man Kontinente. Der größte Kontinent ist Asien. Hier leben über 3,9 Milliarden Menschen.

EINWANDERER

Im 20. Jahrhundert wanderten 46 Millionen Menschen in die USA ein.

WELCHES IST DAS REICHSTE LAND DER ERDE?

Manche Ökonomen halten Katar im Nahen Osten für das reichste Land, denn es exportiert riesige Mengen Erdöl und Erdgas.

RIO DE JANEIRO

In Rio de Janeiro leben viele Menschen in Barackenstädten, den Favelas.

Länder und Flaggen

Auf der Erde gibt es über 200 Länder. Die Anzahl der Länder verändert sich ständig, denn manche schließen sich zusammen, während andere sich in kleinere Staaten aufspalten.

WAS IST EIN LAND?

Ein Land ist ein Gebiet mit den dort lebenden Menschen unter der Führung einer einzigen Regierung. Die Nachbarländer müssen die Grenzen anerkennen, aber manchmal kommt es zu Konflikten. Länder, die sich selbst regieren, sind unabhängig. Abhängige Gebiete werden von anderen Ländern regiert.

HABEN ALLE VÖLKER EIN EIGENES LAND?

Nein, das Siedlungsgebiet mancher Völker wurde zwischen anderen Ländern aufgeteilt. Das Gebiet der Kurden zum Beispiel gehört zu mehreren Ländern (Irak, Iran, Türkei, Syrien).

WO KANNST DU ALLE FLAGGEN DER VEREINTEN NATIONEN SEHEN?

Die Flaggen wehen vor dem Hauptquartier der Vereinten Nationen in New York. Die meisten Länder der Erde gehören der Organisation an. Sie versucht, verschiedene Probleme auf der Erde zu lösen.

WELCHER STAAT LIEGT IN EINER STADT?

Der kleinste Staat der Erde ist ein Gebiet in der Stadt Rom in Italien. Er heißt Vatikanstadt und ist der Sitz der römisch-katholischen Kirche. Weniger als 1000 Menschen leben hier.

VATIKANSTADT

Der Papst ist das Oberhaupt des Staates Vatikanstadt, der nur etwa 0,44 Quadratkilometer groß ist.

WARUM HABEN LÄNDER FLAGGEN?

Flaggen sind farbige, oft gemusterte Symbole einer Nation oder ihrer Regionen. Oft erzählen die Flaggen etwas über das Land und seine Geschichte. Auf Kenias Nationalflagge sind ein Schild und gekreuzte Speere abgebildet, auf der Flagge des Libanon eine Zeder – denn einst gab es hier viele Zedern.

WELCHE IST DIE ÄLTESTE FLAGGE?

Die älteste Nationalflagge, die noch heute weht, ist die dänische. Das weiße Kreuz auf rotem Grund verwendete man schon im 14. Jahrhundert. Die Flagge heißt Dannebrog, das bedeutet „dänischer Stoff“.

VEREINTE NATIONEN

Heute gehören 192 Länder den Vereinten Nationen an. Die Flagge der Organisation ist blau.

Nationen der Erde

Auf der Erde gibt es kleine, unabhängige Inselstaaten und riesige Länder, die aus vielen Bundesstaaten oder Provinzen bestehen. Manche Nationen werden von Ländern regiert, die sich auf der anderen Seite der Erde befinden, wie die Britischen Jungferninseln in der Karibik.

KANADAS KÖNIGIN

Kanada gehörte einst zum britischen Weltreich. Heute ist das Land unabhängig, auf den Banknoten ist aber immer noch als Staatsoberhaupt Königin Elisabeth II. abgebildet.

WAS IST EIN WELTREICH?

Ein Weltreich ist ein Land, das viele andere Länder und Nationen regiert. Das britische Weltreich war das größte auf der Erde. 1922 umfasste es ein Viertel der Landmasse unseres Planeten.

WIE VIELE UNABHÄNGIGE LÄNDER GIBT ES?

Zurzeit gibt es auf der Erde über 190 unabhängige Länder. Die Anzahl verändert sich Jahr für Jahr.

WELCHES IST DAS GRÖSSTE LAND DER ERDE?

Die riesige Russische Föderation erstreckt sich auf zwei Kontinenten, Europa und Asien, über 17 Millionen Quadratkilometer. Die Uhren des Landes werden nach elf verschiedenen Zeitzonen gestellt.

RUSSISCHE LANDSCHAFT

Russland grenzt an 14 andere Länder, im Nordwesten an Norwegen und im Südosten an China. Es erstreckt sich über den nördlichen Teil Asiens und über 40 Prozent Europas.

WAS SIND BUNDES-LÄNDER?

Im Atlas erkennst Du, dass manche Länder in kleinere Gebiete unterteilt sind. Oft haben diese eigene Gesetze; man nennt sie daher Bundesstaaten, Provinzen oder Bundesländer.

WIE VIELE LÄNDER AUF DER ERDE WERDEN VON ANDEREN REGIERT?

Etwa 38 Nationen werden noch immer von anderen Ländern regiert. Dazu gehören viele Inseln in der Karibik – wie Montserrat und die Kaimaninseln, die Großbritannien unterstehen – sowie Inseln im Atlantik und Pazifik.

VEREINIGTE STAATEN

Die Vereinigten Staaten von Amerika sind ein Zusammenschluss von 50 Bundesstaaten.

Regierungsformen

Die Länder der Erde werden unterschiedlich regiert. In einer Demokratie wählen die Menschen eine politische Partei, die die Entscheidungen trifft. In manchen Ländern gibt es keine freien Wahlen, und ein Diktator herrscht über das Land und seine Menschen.

WORAN ERKENNST DU KÖNIGINNEN UND KÖNIGE?

Bei Zeremonien tragen Königinnen und Könige oft traditionelle Gewänder, manche außerdem eine Krone und Insignien der Macht – etwa ein goldenes Zepter. Die Könige der Yoruba in Nigeria tragen eine perlenbesetzte Krone.

WIE WIRD MAN ZUR KÖNIGIN ODER ZUM KÖNIG?

Normalerweise muss man als Prinzessin oder Prinz in eine Adelsfamilie hineingeboren werden. Früher waren Königinnen und Könige mächtig. Heute sind sie eher Repräsentanten der Nation. Sie besuchen Krankenhäuser und treffen andere Staatsoberhäupter.

RÄTSELFRAGE

WAS IST EINE REPUBLIK?

In einer Republik gibt es weder eine Königin noch einen König. Frankreich ist eine Republik. Vor über 200 Jahren wurde der französische König bei einer Revolution enthauptet. Die USA wurden bis zum Unabhängigkeitskrieg (1775–1783) vom König von England regiert.

UNABHÄNGIGKEITSKRIEG

Die britischen Truppen trugen im amerikanischen Unabhängigkeitskrieg rote Jacken.

KRONJUWELEN

Die Kronen der Mitglieder der britischen Königsfamilie gehören zu den Kronjuwelen.

WAS IST EINE REGIERUNG?

Die Mitglieder einer Regierung leiten das Land. Sie erlassen Gesetze, die zum Beispiel die Wirtschaft, Schulen und Krankenhäuser betreffen. Länder, in denen die Menschen ihre Regierung über eine politische Partei wählen, nennt man Demokratien. In manchen Ländern herrscht ein Diktator, und es finden keine freien Wahlen statt.

WAS IST EIN STAATSOBERHAUPT?

Die wichtigste Person im Land ist das Staatsoberhaupt. Das kann eine Königin oder ein König oder ein gewählter Präsident sein. Es nimmt oft an Zeremonien teil und fährt in einer Limousine mit der Landesflagge.

WELCHE IST DIE ÄLTESTE KAISERFAMILIE?

In Japan regiert seit Jahrtausenden eine Familie, der bisher 125 Kaiser entstammten.

JAPANISCHER KAISER

Kaiser Akihito las während einer Zeremonie aus einer Schriftrolle vor, als er 1990 Kaiser von Japan wurde.

Wahlen und Gesetze

Jedes Land hat Gesetze. Sie regeln zum Beispiel, wie wir unsere Regierung wählen oder wie wir uns verhalten sollen. Gesetze werden von Regierungen erlassen, und Richter und Gerichte entscheiden, was mit denjenigen geschieht, die die Gesetze brechen.

WER REGIERT DIE VÖGEL?

Traditionell sind alle Schwäne auf der Themse Eigentum der englischen Königin oder des Königs – ausgenommen jene, die in einer alljährlichen Zeremonie markiert werden.

NATIONALHYMNE

Französische Fußballspieler singen ihre Nationalhymne.

WAS SIND „JANA GANA MANA“ UND „GOD SAVE THE QUEEN“?

Beides sind Nationalhymnen, die erste ist die indische, die zweite die Großbritanniens. Nationalhymnen spielt man bei öffentlichen Anlässen wie den Olympischen Spielen.

WO TRAGEN RICHTER WEISSE PERÜCKEN?

In Großbritannien – die altmodischen Perücken sollen signalisieren, dass die Richterinnen und Richter nicht als Privatpersonen im Gericht sitzen, sondern das Gesetz des Landes vertreten.

WO FINDEN DIE GRÖSSTEN WAHLEN STATT?

In Indien, wo bei den Wahlen über 670 Millionen Menschen ihre Stimme abgeben. Dafür stehen im Land über eine Million elektronische Wahlgeräte bereit.

ENGLISCHE RICHTER

Englische Richter und Richterinnen tragen Perücken im Stil des 18. Jahrhunderts.

PERIKLES VON ATHEN

Im 5. Jahrhundert v. Chr. erließ Perikles Gesetze, nach denen auch ärmere Menschen an der Demokratie teilnehmen durften.

WELCHES PARLAMENT IST DAS ÄLTESTE DER ERDE?

Das isländische Parlament, genannt das Althing. Siedler der Wikinger gründeten es im Jahr 930. Im Parlament werden neue Gesetze diskutiert und erlassen.

RÄTSELFRAGE

WER ERFAND DIE DEMOKRATIE?

Die Bürger von Athen in Griechenland gründeten vor fast 2500 Jahren die erste Demokratie. Sie war nicht wirklich gerecht, denn Frauen und Sklaven durften nicht wählen.

Sprache

Auf der Erde gibt es etwa 6900 Sprachen. Hochchinesisch oder Mandarin wird von den meisten Menschen gesprochen – von etwa einer Milliarde Chinesen. Englisch ist am weitesten verbreitet: Etwa 470 Millionen Menschen in allen Ländern der Erde sprechen Englisch.

ORTSNAMEN

In Norwegen gibt es ein Dorf namens Å. In Neuseeland heißt eine Ortschaft Taumatawhakatangihangakoauauotamateaturipukakapikim-aungahoronukupokaiwhenuaki-tanatahu.

GIBT ES VERSCHIEDENE ARTEN ZU SCHREIBEN?

Ja, auf der Erde haben sich viele Schriftsysteme entwickelt. Jetzt gerade liest Du die Buchstaben des lateinischen Alphabets. Seine 26 Buchstaben werden verwendet, um viele Sprachen niederzuschreiben. Die meisten Chinesen verwenden beim Schreiben ungefähr 4000 verschiedene Schriftzeichen.

SCHRIFTZEICHEN

Chinesische Schriftzeichen, hànzì genannt, bezeichnen Silben, wie „hàn" oder „zì".

SPRECHEN ALLE MENSCHEN EINES LANDES DIESELBE SPRACHE?

Das ist nur selten der Fall. In den Vereinigten Staaten zum Beispiel leben Familien aus aller Welt. In San Francisco leben Tausende Chinesen im Stadtteil Chinatown. Auf den Straßenschildern stehen die Namen in Englisch und Chinesisch (rechts).

KÖNNTEN WIR NICHT EINE SPRACHE FÜR DIE GANZE WELT ERFINDEN?

Die gibt es schon! Die Sprache namens Esperanto wurde vor über 100 Jahren erfunden. Allerdings sprechen nur etwa 100 000 Menschen sie fließend.

WELCHE SPRACHE WIRD AM SELTENSTEN GESPROCHEN?

Nur 15 oder 20 Menschen in Lettland sprechen Livisch. Das ist eine der etwa 3000 Sprachen, die bald aussterben werden.

LESEN WIR ALLE VON LINKS NACH RECHTS?

Arabisch etwa liest man von rechts nach links, und traditionelles Japanisch von oben nach unten.

ARABISCHE KALLIGRAFIE

Arabische Handwerker verzieren ihre Häuser oft mit Kalligrafien. Die Schriftzüge werden zum Beispiel auf Kacheln gemalt.

Kommunikation

Mit Telefonen, Computern und Radios können wir mit unserer Familie und Freunden in Kontakt bleiben oder mit Menschen Handel treiben, die auf der anderen Seite der Erde leben. Im Fernseher kannst Du Live-Übertragungen aus Sydney oder Timbuktu verfolgen.

SATELLIT

Nachrichtensatelliten übertragen Nachrichten und Bilder.

RÄTSELFRAGE

KÖNNEN WIR OHNE WORTE SPRECHEN?

Menschen, die taub oder stumm sind, können mit ihren Händen reden. Auf der ganzen Erde, von China bis in die USA, hat man verschiedene Gebärdensprachen entwickelt.

WIE KOMMUNIZIEREN WIR ÜBER DAS WELTALL?

Satelliten sind Flugkörper, die ins All geschossen werden und die Erde umkreisen. Sie empfangen Telefon-, Radio- oder Fernsehsignale aus einem Teil der Erde und senden sie zu einem anderen.

WELCHE KOMMUNIKATIONSWEISE IST UNGEWÖHNLICH?

In Teilen Zentralamerikas, der Türkei sowie auf den Kanarischen Inseln können sich die Menschen mit einer Pfeifsprache verständigen.

GEBÄRDENSPRACHE

Taube Menschen können sich in der internationalen Gebärdensprache (Gestuno) unterhalten.

WAS IST KÖRPERSPRACHE?

Bewegungen mit den Händen oder dem Kopf können eine Art Sprache sein. Doch sei vorsichtig! In einigen Ländern bedeutet die Handfläche nach unten zu drehen „Komm her!“, in anderen „Geh weg!“. Kopfschütteln kann – je nach Kultur – „ja“ oder „nein“ bedeuten.

WAS IST EINE E-MAIL?

Eine E-Mail oder „Elektronische Nachricht“ kann man mit dem Computer über ein elektronisches Kommunikationssystem senden und empfangen. Die erste E-Mail wurde 1972 verschickt.

WARUM IST DIE WELT KLEINER GEWORDEN?

Die Welt ist nicht wirklich kleiner geworden, aber es kommt uns so vor. Mit Telefonen und E-Mails kann man zu jeder Zeit mit allen Teilen der Erde kommunizieren. Früher dauerte es oft Monate, bis Briefe mit einem Postschiff ankamen.

HANDYS

Über drei Milliarden Menschen haben ein Handy, und jeden Tag werden es mehr.

Städte der Erde

PARTHENON

Dieser großartige Tempel wurde im dorischen Stil erbaut – mit schlichten und eleganten Säulen.

Die ersten Städte entstanden im Südwesten Asiens, als die Menschen nicht mehr als Jäger und Sammler lebten, sondern als Bauern sesshaft wurden. Çatal Hüyük in der Türkei wurde vor etwa 9000 Jahren gegründet. Heute lebt über die Hälfte der Weltbevölkerung in einer Stadt.

WELCHE STADT IST NACH EINER GÖTTIN BENANNT?

Athen, die Hauptstadt Griechenlands, ist nach der Göttin Athene benannt. Ihr prächtiger Tempel, der Parthenon, steht noch immer über der modernen Stadt. Er wurde im 5. Jahrhundert v. Chr. erbaut.

WELCHE STADT IST AM HÖCHSTEN GELEGEN?

Potosí in Bolivien liegt etwa 4000 Meter über dem Meeresspiegel, unterhalb des Gipfels des Cerro Rico („reicher Berg"), in dem man Silber abbaut.

POTOSÍ

Die Stadt wurde im 16. Jahrhundert gegründet, um Silber abzubauen.

ATHEN

Um 1990 gehörte Athen zu den Städten mit der weltweit höchsten Luftverschmutzung. Nun unternimmt man etwas dagegen.

WELCHE PROBLEME TRETEN IN STÄDTEN AUF?

Häufig gibt es Staus, und die Abgase der Autos verpesten die Luft. In manchen Städten gibt es nicht genug Arbeit, und viele Menschen leben in Armut.

TOKIO

Die Megastadt Tokio schließt 26 andere Städte mit ein.

WER LEBT AM ENDE DER WELT?

Eine der nördlichsten Siedlungen der Welt ist Ny-Ålesund auf Spitzbergen im Arktischen Ozean. Die südlichste Stadt ist Puerto Williams in Feuerland in Chile.

WELCHES LAND HAT DREI HAUPTSTÄDTE?

Die wichtigste Stadt eines Landes ist die Hauptstadt. In Südafrika gibt es drei! Kapstadt ist der Sitz des Parlaments, Pretoria die Regierungshauptstadt und Bloemfontein Sitz des Obersten Gerichts.

WO LIEGEN DIE GRÖSSTEN STÄDTE?

In Japan sind viele kleine Städte zu Megastädten zusammengewachsen. Auf den japanischen Inseln ragen hohe Gebirge auf, sodass die meisten Menschen sich im küstennahen Flachland ansiedelten. Hier verschmolzen Städte oft miteinander. In der Hauptstadt Tokio leben über 20 Millionen Menschen (unten).

Handel und Geld

Im Lauf der Jahrhunderte verwendeten die Menschen alles Mögliche als Geld – etwa Muscheln, Perlen und Haifischzähne. Die Dinge an sich waren nicht wertvoll, und auch das Metall, Papier und Plastik unseres Geldes ist es nicht. Geld ist nur ein Tauschmittel.

WO WURDEN DIE BANKNOTEN ERFUNDEN?

Papiergeld verwendete man in China schon vor rund 1000 Jahren.

WAS IST EINE WÄHRUNG?

Eine Währung stellt ein Geldsystem dar – wie der japanische Yen, der US-Dollar oder der mongolische Tugrik. Der Wechselkurs benennt den Preis einer Währung in einer anderen Währung.

WO WIRD GELD GEMACHT?

In Münzprägeanstalten – hier werden Münzen und Banknoten hergestellt. In den amerikanischen Münzprägeanstalten in Philadelphia und Denver werden jedes Jahr Milliarden neuer Münzen geprägt.

RÄTSELFRAGE

WO VERLÄUFT DIE SEIDENSTRASSE?

Diese alte Handelsstraße führt von China durch Zentralasien zum Mittelmeer. Vor Jahrhunderten transportierte man hier Seide, Tee und Gewürze mit Kamelkarawanen in den Westen.

WO TREIBEN MENSCHEN HANDEL?

In Nigeria feilschen die Menschen auf Straßenmärkten um den Preis der Waren. In England kauft man gern in großen Warenhäusern ein. In der Schweiz beobachten Banker auf ihren Computerbildschirmen die Aktienkurse. In der Börse in New York kaufen und verkaufen Börsianer per Telefon Firmenanteile.

WER FÄNGT SCHMUGGLER?

Wenn Du Güter von einem Land in ein anderes bringen willst, musst Du manchmal Steuern an den Staat zahlen. Zollbeamte untersuchen Dein Gepäck und prüfen oft, ob Du keine Schmuggelware dabeihast.

SEIDE

Im Mittelalter wurde in Europa Seide aus China zu hohen Preisen verkauft.

BÖRSE

Die Börse in New York ist die größte der Erde und über 200 Jahre alt.

Nahrungsmittel

Überall auf der Erde kultiviert man Land, um Nahrungsmittel für die Menschen anzubauen. Fischer fangen im Meer Heringe oder Schwertfische und verkaufen sie. In einigen Klimazonen gedeihen Zitrusfrüchte oder Zuckerrohr, in anderen Regionen hält man Schaf- oder Rinderherden.

REISFELD

Reis wächst in warmen, feuchten Flusstälern am besten.

WAS ESSEN MILLIARDEN MENSCHEN TÄGLICH?

Milliarden Menschen essen täglich Reis, vor allem in Asien. Dieses Getreide wächst auf überfluteten Reisfeldern.

WO GIBT ES DIE GRÖSSTEN FARMEN DER ERDE?

Die größten Schaf- und Rinderzuchten gibt es im australischen Outback: So nennt man das weite Hinterland, das man am besten mit kleinen Flugzeugen überquert.

WAS BEDEUTET CASH CROP?

So bezeichnet man die Ernte, die ausschließlich zum Verkauf bestimmt ist. Viele Kleinbauern auf der Welt können aber nur gerade so viel Nahrung anbauen, dass sie für ihre Familien ausreicht.

WEIZENERNTE

Erntemaschinen mähen den Weizen und lösen die Getreidekörner heraus.

WELCHE NUTZPFLANZEN BAUTE MAN ZUERST IN AMERIKA AN?

Vor etwa 500 Jahren kannte noch niemand in Europa Kartoffeln, Mais und Tomaten. Diese Nutzpflanzen bauten die Ureinwohner Amerikas an – lange vor der Ankunft der ersten europäischen Siedler.

WER SIND DIE GAUCHOS?

So nennt man die Cowboys in den Pampas, den Grasländern Argentiniens. Heute treiben Gauchos noch immer die Rinder in großen Rinderfarmen zusammen, den Estanzias.

TOMATENPFLANZE

Die Tomate stammt aus dem westlichen Südamerika. Heute baut man sie weltweit an.

RÄTSELFRAGE

WO SIND DIE KORNKAMMERN DER ERDE?

Regionen, in denen viel Getreide angebaut wird, nennt man Kornkammern. Weizen ist ein Getreide, das am besten in Gegenden gedeiht, die ursprünglich mit Grasland bedeckt waren, wie in den Prärien im Mittleren Westen der USA.

Eine der wichtigsten Erfindungen der Menschheit war das Rad. Es wurde vor über 6000 Jahren in Mesopotamien erfunden. Seither bauten die Menschen Dampfschiffe, Autos, Eisenbahnen und Flugzeuge.

WO BEFINDET SICH DER GRÖSSTE FLUGHAFEN?

Der Flughafen von Riad in Saudi-Arabien ist größer als manche Länder. Er erstreckt sich in der arabischen Wüste über ungefähr 230 Quadratkilometer.

WO GIBT ES DIE LÄNGSTEN LASTWAGEN?

Im Outback, dem Hinterland Australiens, sind die Straßen lang, gerade und meistens leer. Lastwagen können drei bis vier Anhänger ziehen und einen sogenannten Straßenzug bilden.

WO VERLÄUFT DIE LÄNGSTE STRASSE DER ERDE?

Die Panamericana führt über 48 000 Kilometer von Alaska bis nach Zentralamerika. Noch fehlt in der Mitte ein Verbindungsstück – doch das System aus Schnellstraßen führt weiter durch Südamerika nach Chile (unten), Argentinien und Brasilien.

WO KANNST DU MIT EINEM ZUG IN DEN HIMMEL FAHREN?

In den Anden in Südamerika. Eine Strecke in Peru führt bis in über 5000 Meter Höhe. Und in Salta in Argentinien nennt man einen Zug den „Zug zu den Wolken".

WO SETZT MAN BOOTE ALS BUSSE EIN?

In der italienischen Stadt Venedig – dort gibt es Kanäle statt Straßen. Die Menschen fahren mit Booten zu den verschiedenen Stadtteilen.

WO KANNST DU DURCH DIE ALPEN FAHREN?

In Frankreich, Italien, der Schweiz und in Österreich. Am Montblanc ragen sie über 4800 Meter empor. Lange Tunnel, durch die Züge und Autos fahren können, führen durch die Berge. Der Gotthardtunnel in der Schweiz ist 16,9 Kilometer lang.

GONDELN IN VENEDIG

Die traditionellen Boote in Venedig nennt man Gondeln. Den Bootsmann, der sie fortbewegt, nennt man Gondoliere.

STRASSENZUG

Auf den Straßen im australischen Outback fahren über 50 Meter lange „Straßenzüge".

Religionen und Kulturen

Die Weltreligionen

Zu den Weltreligionen gehören der Islam, der Hinduismus, der Buddhismus und das Judentum. Die meisten Gläubigen, ein Drittel der Weltbevölkerung, sind Christen. Jeder Glaube bringt eine Anschauung über die Entstehung der Welt sowie besondere Gebete und Riten mit sich.

WELCHE STADT IST DREI RELIGIONEN HEILIG?

Jerusalem – sie ist Juden, Christen und Muslimen heilig. Zu den heiligen Stätten dort gehören die Klagemauer, die Grabeskirche und der Felsendom.

WO WERDEN KLEINE JUNGEN MÖNCHE?

In Burma erfährt ein vierjähriger Junge bei einer besonderen Zeremonie vom Leben des Buddha. Zuerst wird er wie ein reicher Prinz gekleidet, dann gibt man ihm das einfache Gewand eines buddhistischen Mönchs.

BUDDHISTISCHE MÖNCHE

Jungen in einfachen Gewändern holen in traditionellen Schüsseln ihr Mittagessen ab.

WER SIND DIE PARSEN?

Die Parsen sind Anhänger des Zoroastrismus, einer vor langer Zeit in Persien (heute Iran) gegründeten Religion. Sie leben in Indien und Pakistan.

IN WELCHEM LAND LEBEN DIE MEISTEN MUSLIME?

In Indonesien, dem größten islamischen Land der Erde. In einigen Teilen, etwa auf der Insel Bali, leben aber vor allem Hindus.

JERUSALEM

Muslime beten im Felsendom im Zentrum Jerusalems.

WAS IST SHINTŌ?

So heißt die alte Religion Japans. In den heiligen Schreinen des Shintōismus beten die Menschen um Glück und ehren ihre Vorfahren. Viele Japaner sind auch Buddhisten.

EMA-VOTIVTAFELN

Auf diese Tafeln haben Menschen in einem Shintō-Schrein ihre Wünsche geschrieben.

Eine Frage des Glaubens

Die meisten Religionen schreiben vor, wie die Gläubigen sich verhalten sollen. Diese Regeln besagen, wie wir Menschen und Tiere behandeln sollen. In religiösen Schriften, den heiligen Büchern, steht zudem geschrieben, wie man als Gläubiger betet oder fastet.

WELCHE MÖNCHE BEDECKEN IHREN MUND?

Anhänger des Jainismus in Indien tragen eine Art Mundschutz. Sie erweisen allen Lebewesen ihren Respekt und wollen daher auch kein Insekt verschlucken, das versehentlich in ihren Mund fliegt.

WER WAR KONFUZIUS?

So nennt man bei uns den chinesischen Philosophen Kǒng Fūzǐ (551–479 v. Chr.). Er lehrte, anderen Menschen und den Vorfahren Respekt entgegenzubringen.

KONFUZIUS

Konfuzius lehrte, andere so zu behandeln, wie wir selbst behandelt werden wollen.

WARUM FASTEN MENSCHEN?

In vielen Religionen fasten Menschen. Wenn Du eine islamische Stadt wie Kairo besuchst, wirst Du merken, dass während des Ramadan, des neunten Monats im islamischen Jahr, tagsüber kein Essen angeboten wird.

WOHIN PILGERN DIE MENSCHEN?

Pilger sind Gläubige, die zu heiligen Stätten auf der ganzen Erde ziehen. So sollen Muslime mindestens einmal im Leben zur heiligen Stadt Mekka in Saudi-Arabien pilgern. Viele Hindus pilgern zur indischen Stadt Varanasi, um sich im heiligen Wasser des Ganges zu waschen.

PILGER IN MEKKA

Muslimische Pilger umkreisen die Kaaba („Würfel"), das bedeutendste Heiligtum im Islam.

WAS IST DAOISMUS?

So nennt man den Glauben, den der chinesische Philosoph Laotse lehrte, der vor etwa 2500 Jahren gelebt haben soll. Taoisten glauben an die Harmonie des Universums.

SIKH-PARADE

Nihangs, Sikh-Soldaten, in traditioneller Kleidung und Bewaffnung.

RÄTSELFRAGE

WAS SIND DIE FÜNF „KS"?

Männliche Sikhs folgen fünf Traditionen: Sie tragen Kes (ungeschnittenes Haar unter dem Turban), Kangha (einen Kamm), Kadha (einen eisernen Armreif) und Kirpan (einen kleinen Dolch); ihre Hosen heißen Kachera.

Religiöse Feste

Religiöse Feierlichkeiten sind wichtige Ereignisse im Jahr. Oft werden bedeutende Begebenheiten in der Geschichte der Religion gefeiert, wie die Geburt Jesu Christi oder der Sieg des Hindugottes Krishna über den Dämonen. Die Feste können fröhlich oder besinnlich sein.

WAS IST DIWALI?

Diwali ist eine Zeit im Herbst, in der die Hindus das neue Jahr feiern und Lakshmi, die Göttin des Glücks, ehren. In den Fenstern brennen Kerzen, und die Menschen tauschen Grußkarten und Geschenke.

LICHTER

Diwali bedeutet „Reihen leuchtender Lampen“: Hindus zünden kleine Öllämpchen um ihr Haus an.

WAS IST CHANUKKA?

Das jüdische Lichterfest – es dauert acht Tage. Familien zünden jeden Tag eine neue Kerze im Chanukkaleuchter an (rechts), um die Wiedereinweihung des Tempels in Jerusalem vor mehr als 2000 Jahren zu feiern.

DIWALI

Beim Diwali werden Feuerwerke veranstaltet und traditionelle Gerichte zubereitet. Hindus putzen das Haus und öffnen die Fenster.

WO WIRD MAN ZU NEUJAHR NASS?

In Burma, denn die Menschen feiern das buddhistische Neujahrsfest, indem sie ihre Freunde nass spritzen.

WANN ESSEN MUSLIME VIELE SÜSSIGKEITEN?

Beim Eid-ul-Fitr, dem „Fest des Fastenbrechens“ (Opferfest). Man schreibt sich Karten, und die Kinder bekommen besondere Süßigkeiten.

WO TANZEN DRACHEN?

Dort, wo Chinesen Neujahr feiern. Der Glücksdrache läuft die Straßen entlang, und die Menschen kriechen unter seinen langen Körper. Mit Feuerwerk werden böse Geister vertrieben. Zu diesem Fest treffen sich auch die Familien.

DRACHENTANZ

Chinesische Drachen tanzen zum Klang von Trommeln und Zimbeln. Der ohrenbetäubende Lärm und der wilde Blick des Drachens sollen am ersten Tag im neuen Jahr böse Geister bannen.

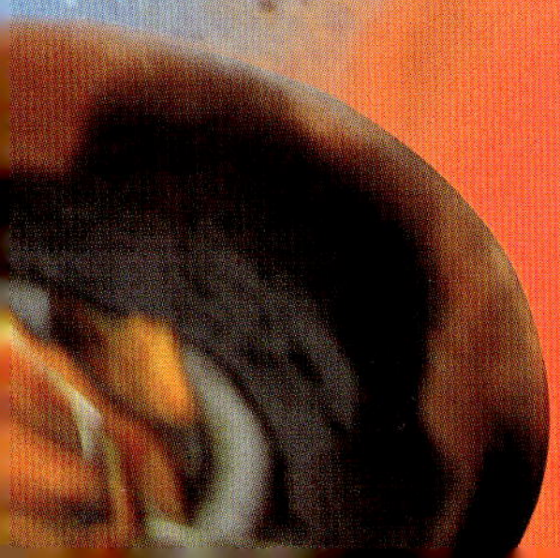

Weitere Feste

In jedem Land versammeln sich die Menschen zu bestimmten Zeiten im Jahr, um zu tanzen und sich besonders anzuziehen. So werden bestimmte Menschen geehrt, oder es wird an ein geschichtliches Ereignis erinnert. Oft spielt man bei solchen Gelegenheiten traditionelle Musik.

WER REITET ZUR *FERIA*?

Jedes Jahr im April reiten die Menschen in der spanischen Stadt Sevilla zu einem Volksfest am Fluss Guadalquivir. Sie tragen traditionelle Kleidung und tanzen die ganze Nacht.

GRÜNER FLUSS

Der Chicago River wird am St.Patrick's Day grün gefärbt.

FÜR WEN IST DER 5. NOVEMBER EIN FEIERTAG?

Für die Engländer. An einem 5. November wurde Guy Fawkes verhaftet, der 1605 das Parlamentsgebäude, den Westminster-Palast in London, sprengen wollte. In der Nacht gibt es ein großes Feuerwerk.

WER DARF AM TISCH DES MINISTERPRÄSIDENTEN SITZEN?

In der Türkei ist der 23. April der Tag der Kinder. Dann wird getanzt, Puppenspiele werden gezeigt, und ein Kind darf am Tisch des Ministerpräsidenten sitzen!

WER TRÄGT AM ST. PATRICK'S DAY GRÜN?

St. Patrick's Day am 17. März ist der irische Nationalfeiertag. Er wird dort gefeiert, wo sich irische Siedler niedergelassen haben, von den USA bis nach Australien. Die Menschen tragen grüne Kleidung und grüne Kleeblätter.

VENEDIG

In Venedig feiert man den Karneval mit Kostümen.

WAS IST EIN POW-WOW?

Eine „Zusammenkunft“. Die nordamerikanischen und kanadischen Indianervölker treffen sich alljährlich zu Pow-Wows, um ihre Traditionen mit Tänzen und Musik zu feiern.

POW-WOW

Dieser Indianer trägt ein Festgewand und tanzt zu Trommeln und traditionellen Gesängen.

RÄTSELFRAGE ?

WAS IST KARNEVAL?

Im alten Rom fand ein ausgelassenes Winterfest statt, die *Saturnalien*. Die Menschen im Mittelalter ahmten diese Idee nach. Sie feierten noch einmal kräftig, bevor die Fastenzeit begann. Bis heute feiern die Menschen in katholischen Regionen Karneval.

Kunst

Die Kunst umfasst Malerei, Musik, Theater und Tanz. In jedem Land gibt es zudem traditionelle Kunstformen, etwa den spanischen Flamenco-Tanz, die italienische Oper oder das deutsche Kasperletheater.

WO TANZT MAN WIE DIE GÖTTER?

Beim Kathakali – so heißt ein Tanztheater in Kerala in Südindien. Tänzer, die so stark geschminkt sind, dass ihr Gesicht wie eine Maske aussieht, spielen in prächtigen Kostümen alte Geschichten von Göttern und Dämonen.

WER SCHLÄGT DIE STEEL PANS?

Die Menschen in der Karibik während des Karnevals. Mit den Blechtrommeln, die traditionell aus Ölfässern hergestellt werden, erzeugen sie Rhythmen und Melodien.

KATHAKALI-MASKE

Der grün geschminkte Tänzer spielt einen Edlen.

AUFWENDIGE KOSTÜME

Am Kostüm erkennt das Publikum sofort, dass hier eine Heldenfigur dargestellt wird.

RÄTSELFRAGE

WAS IST KABUKI?

Kabuki ist ein Theater, das im 17. Jahrhundert in Japan beliebt wurde. Auch heute noch kann man es dort erleben. Alle Schauspieler sind Männer. Sie sind stark geschminkt und tragen prächtige Kostüme. Eine Aufführung dauert den ganzen Tag; dabei werden verschiedene Stücke gespielt.

WER MACHT BILDER AUS SAND?

Die Navajo, Indianer im Südwesten der USA, legen mit verschiedenfarbigem Sand wunderschöne Sandbilder aus.

KABUKI-SPIELER

Traditionell spielen männliche Schauspieler in Kimonos die Rolle von Frauen.

WO LIEGT STRATFORD?

Es gibt zwei berühmte Städte, die so heißen: In Stratford-upon-Avon in England lebte vor 400 Jahren der große Schriftsteller William Shakespeare. Das andere Stratford, in Ontario in Kanada, veranstaltet ihm zu Ehren ein Theaterfestival.

WAS IST DER MORRIS-TANZ?

Ein englischer Volkstanz aus dem Mittelalter (verwandt mit dem Moriskentanz aus dem 16. Jahrhundert). Die Tänzer schlagen Stöcke gegeneinander und lassen Schellen erklingen, die um ihre Beine gebunden sind, während sie zu traditioneller Musik marschieren (links).

Weitere Künste

Mit Kunst kann man Gefühle ausdrücken und Ideen mitteilen. Einige der ältesten Künste erzählen Geschichten über die Erschaffung der Welt und Mythen von Göttinnen und Göttern. Heute unterhalten, belehren und inspirieren uns Maler, Musiker, Tänzer und Schriftsteller.

GAUGUIN IN RUSSLAND

Dieses Bild von 1899, eine Tahitianerin mit Blüten, malte der französische Künstler Paul Gauguin. Es hängt in der Eremitage in St. Petersburg.

WO BEFINDET SICH DAS ÄLTESTE THEATER DER WELT?

Das älteste Theater, in dem bis heute Aufführungen stattfinden, ist wahrscheinlich das Teatro Olimpico in Vicenza in Italien. Es wurde vor über 400 Jahren eröffnet. Aber Theater spielte man schon viel früher. Im alten Griechenland führten Schauspieler mit Masken in Amphitheatern einige der lustigsten und traurigsten Stücke auf, die jemals geschrieben wurden. In einigen dieser Theater spielt man auch heute wieder.

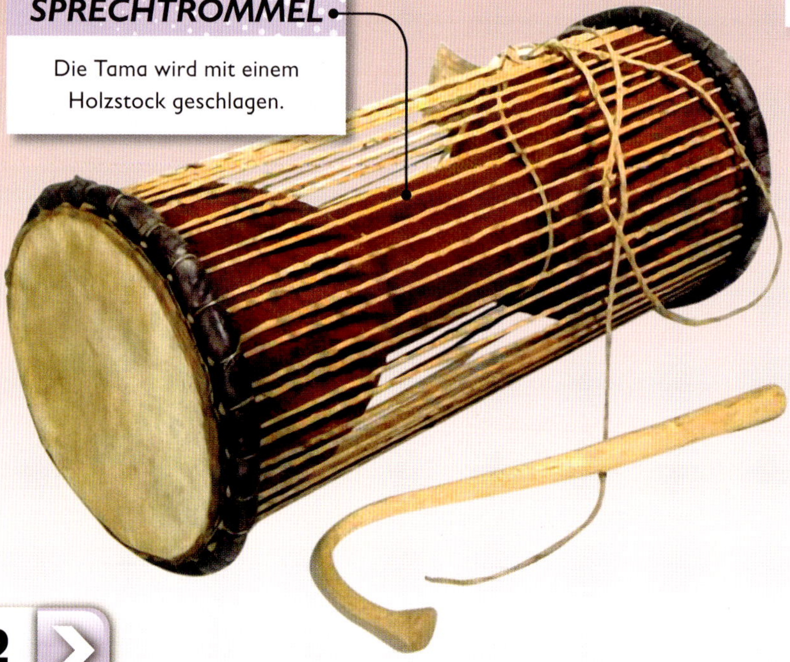

SPRECHTROMMEL

Die Tama wird mit einem Holzstock geschlagen.

WO SPRECHEN TROMMELN?

In einigen westafrikanischen Ländern, zum Beispiel in Ghana, trommelt man auf Tamas, sogenannten Sprechtrommeln. Drückt man sie beim Trommeln zusammen, verändert sich die Tonhöhe.

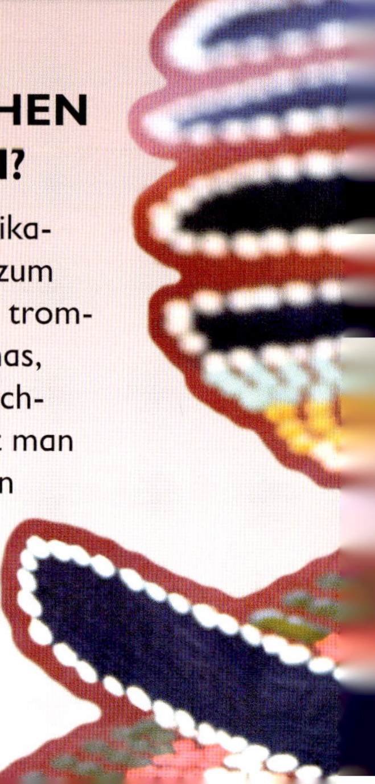

RÄTSELFRAGE

WO GIBT ES DREI MILLIONEN KUNSTWERKE?

In St. Petersburg in Russland: In der Eremitage und im Winterpalast ist eine riesige Kunstgalerie untergebracht.

WER SINGT IN PEKING?

Die Akteure der Pekingoper. In dieser spektakulären Darbietung schlagen Musiker Zimbeln, und Schauspieler singen mit hoher Stimme. Sie spielen Helden und Schurken alter chinesischer Legenden, sind stark geschminkt und tragen prächtige Kostüme.

WER TANZT DIE HAKA?

In Neuseeland tanzen die Maori auch heute noch viele ihrer traditionellen Tänze. Die Haka tanzten Krieger, um sich Mut für die Schlacht zu machen.

WER MALT DIE TRAUMZEIT?

Die Aborigines in Australien schauen zurück in die Traumzeit – eine magische Zeit, in der die Welt, die Tiere und die Menschen geformt wurden. Viele ihrer Bilder (unten) stellen die Landschaft dar, die von Tieren wie der Regenbogenschlange geformt wurde.

Nahrungsmittel der Welt

Was die Menschen essen, hängt nicht nur davon ab, welche Nutzpflanzen sie anbauen, welche Tiere sie halten und welche Fische sie fangen. Auch Tradition und Religion spielen eine Rolle. Viele Menschen, zum Beispiel Völker in Südindien, essen kein Fleisch.

WER ISST AM MEISTEN KÄSE?

Die Griechen: Durchschnittlich verspeist jeder Grieche im Jahr 24 Kilogramm Käse. Drei Viertel davon sind Fetakäse aus Schaf- und Ziegenmilch.

WER KOCHT DIE SCHÄRFSTEN CURRYS?

Die Menschen in Südindien. Sie würzen ihre Gerichte mit rotem Chili und frischem grünem Chili sowie Ingwer, Knoblauch, Kurkuma und Curryblättern.

GEWÜRZE

Gewürze werden verwendet, um Speisen Geschmack zu geben und haltbarer zu machen.

HAGGIS

Das traditionelle schottische Gericht isst man mit „neeps and tatties", zerstampften Steckrüben und Kartoffeln.

WER DICHTETE ÜBER DEN HAGGIS?

Das war Robert Burns, Schottlands größter Dichter aus dem 18. Jahrhundert. Haggis ist ein traditionelles schottisches Gericht aus Herz, Leber und Lunge eines Lamms sowie Fett, Zwiebeln und Hafer. Man kocht es in einem Schafsmagen.

WO KAUFT MAN MILCH AM STÜCK?

In der russischen Arktis, wo es so kalt ist, dass die Milch im Winter gefriert. Man verkauft sie deshalb in gefrorenen Blöcken.

WIE HALTEN WIR NAHRUNG FRISCH?

Heute kann man Butter weltweit verschicken, denn man kann sie kühlen. Das erste Kühlschiff wurde 1876 gebaut, um Rindfleisch aus Argentinien zu transportieren. Aber wie hielten davor die Menschen ihre Lebensmittel frisch? Sie legten sie ein, räucherten oder trockneten sie. Noch heute stellt man so leckere Nahrungsmittel her, wie diese japanischen Spezialitäten (unten).

Delikatessen der Welt

Sushi gilt in Japan als Delikatesse. In den Vereinigten Staaten finden viele Menschen, nichts gehe über Roastbeef. Was wir gern essen, ist eine Frage der jeweiligen Kultur und des persönlichen Geschmacks. Irgendwo auf der Welt sind sogar Schafsaugen und Schweineohren köstliche Leckerbissen!

WAS IST JAMBALAYA?

Reis und Paprika mit Fleisch oder Garnelen in einer heißen, stark gewürzten Sauce. Wo man das serviert? Im Süden der USA – in New Orleans.

SUSHI

In Japan rollt man Reis in Seetang und krönt die Röllchen mit Fleisch, Fisch oder Gemüse.

KAVIAR

Schwarzer Kaviar besteht aus gesalzenen Störeiern, roter Kaviar aus Lachseiern. Beides gilt als Delikatesse.

WAS IST KAVIAR?

Kaviar ist eines der teuersten Nahrungsmittel der Welt. Er besteht aus den Eiern von Stören. Diese Fische leben in Russland und anderen nördlichen Regionen in Flüssen und Seen.

KENNST DU MATETEE?

Das ist ein bitteres, aber erfrischendes heißes Getränk aus den Blättern des Matestrauchs. In Argentinien ist es sehr beliebt; dort trinkt man es mit einem Metalltrinkrohr aus einer Kürbisschale.

RÄTSELFRAGE

KANN MAN ALGEN ESSEN?

In Japan isst man verschiedene Algen, und in Wales in Großbritannien sind sie in Fladenbroten, dem Laverbread, enthalten. Eine bestimmte Algenart wird häufig als Verdickungsmittel für Eiscreme verwendet.

WER ISST SPINNEN?

Die Menschen in Kambodscha – dort sind Spinnen eine Köstlichkeit. Man fängt sie oft aus ihrem Bau und serviert sie frittiert mit Knoblauch und Salz.

WER ERFAND DIE NUDELN?

Welche Nudeln gab es zuerst, italienische Spaghetti oder chinesische Eiernudeln? Manche sagen, der Reisende Marco Polo habe im Mittelalter das Geheimnis der Nudelherstellung nach Italien gebracht. Andere sind sich sicher: Die Römer in Italien haben schon lange vorher Pasta gemacht!

SINGAPUR-NUDELN

Dieses leckere Nudelgericht enthält Krabben, roten Pfeffer, Eier und Gewürze.

Kleider der Welt

Menschen schützen sich mit Kleidungsstücken vor der Witterung oder tragen sie, weil sie in Mode oder besonders bequem ist. Über unsere Kleidung teilen wir auch mit, wer wir sind.

TUAREG

Die Tuareg in der Sahara schützen sich mit einem Schleier vor Sonne und Sand.

WOHER KOMMT DER PANAMAHUT?

Panamahüte stellte man erstmals in Ecuador aus Toquilla-Stroh her. Aus Panama jedoch exportierte man sie zum ersten Mal in andere Länder.

WIE KLEIDET MAN SICH IN HEISSEN LÄNDERN?

In heißen Ländern schützen Menschen ihren Kopf mit breitkrempigen Hüten vor der Sonne – etwa mit Sombreros oder kegelförmigen Hüten, wie die Bauern in Vietnam sie tragen.

WORAUS STELLT MAN KLEIDUNG HER?

Heute hauptsächlich aus Naturfasern wie Wolle oder Baumwolle oder aus Kunstfasern wie Nylon und Polyester.

BATIK

Auf der Insel Java in Indonesien stellt man zart gemusterte Batikstoffe her.

WAS IST BATIK?

Eine Technik, mit der man Stoffe mit schönen Mustern verzieren kann. Man trägt Wachs auf, sodass die Farbe den Stoff nur an bestimmten Stellen färbt. In Indonesien gilt sie als Kunsthandwerk, und die Muster werden von Generation zu Generation weitergegeben.

WIE HALTEN WIR UNS WARM UND TROCKEN?

Seit Urzeiten schützen sich Menschen mit Fellen und Tierhäuten vor der Kälte. Heute stellt man wärmende Kleidungsstücke aus Wolle, Federn und Kunstfasern her, die warm, aber nicht so schwer sind.

RÄTSELFRAGE

WELCHE STADT IST DIE HAUPTSTADT DER MODE?

In Mailand, London, New York und in vielen anderen Städten finden jedes Jahr fantastische Modenschauen statt. Paris jedoch gilt seit Jahrhunderten als die Hauptstadt der Mode.

PARISER MODENSCHAU

Menschen aus aller Welt kommen, um sich die neueste Mode anzusehen.

Nationaltrachten

Heute tragen die meisten Menschen T-Shirt und Jeans, Röcke oder Anzüge. Nur bei besonderen Gelegenheiten zieht man traditionelle Trachten an. In einigen Ländern aber tragen Menschen im Alltag noch immer die regional übliche Kleidung.

WER TRÄGT AUF EINEM SING-SING FEDERN?

Ein Sing-Sing ist ein großes Fest in Papua-Neuguinea. Die Männer bemalen sich die Gesichter und tragen Schmuck aus Knochen, Muscheln und Paradiesvogelfedern. Auch Röcke aus Gräsern und Blättern gehören zu dieser Tracht.

WO TRAGEN FRAUEN SPITZENHAUBEN?

In der Bretagne im Nordwesten Frankreichs. Die Bretonen sind stolz auf ihre Tracht, die sie zu besonderen Gelegenheiten tragen: die Männer Westen und große schwarze Hüte, die Frauen Spitzenhauben, die oft hoch und wie Rohre geformt sind.

WAS SIND ECHTE CLOGS?

Vor 100 Jahren trug man Holzschuhe in vielen Teilen Europas. Die berühmtesten sind die holländischen Clogs (oben), die Bauern und Marktleute in den Niederlanden noch heute tragen.

SEIDENWEBEREI

In einigen Teilen Asiens werden Seidenstoffe von Hand gewebt.

RÄTSELFRAGE

WER ERFAND DIE SEIDE?

Die Chinesen waren die Ersten: Schon vor Jahrtausenden gewannen sie Seide aus den Kokons der Seidenraupen. Heute werden zum Beispiel die Stoffe für bunte indische Saris und japanische Kimonos aus Seide gewebt.

EVZONEN

Wächter des griechischen Parlamentsgebäudes tragen Uniformen, die auf das 19. Jh. zurückgehen.

WO TRAGEN DIE SOLDATEN RÖCKE?

Die Ehrengarde der griechischen Armee nennt man Evzonen. Ihre Uniform ist den alten Trachten der Bergvölker nachempfunden: ein weißer Rock, Wollstrumpfhosen und eine Kappe mit einer Quaste.

Häuser

Häuser schützen die Menschen vor Kälte und Hitze, Regen und Schnee, Stürmen und Überflutung. Auf der ganzen Welt bauen die Menschen verschiedene Arten von Häusern – je nachdem, welche Baumaterialien zur Verfügung stehen.

WARUM LEBEN MENSCHEN UNTER DER ERDE?

Dort ist es kühl! In Coober Pedy in Australien ist es so heiß, dass Bergleute, die hier nach Opalen suchten, unterirdische Häuser und sogar eine Kirche unter Tage bauten.

WELCHE HÄUSER BAUT MAN IN DER ARKTIS?

Heute leben die kanadischen Inuit in Häusern, Hütten und Zelten. Traditionell lebten sie in Iglus aus Schneeblöcken. Noch heute bauen sie Iglus, wenn sie umherziehen.

WORAUS KÖNNEN HÄUSER BESTEHEN?

Aus Schlamm, Stein, Schiefer, Felsen, Ziegelsteinen, Ästen, Schilf, Stahl, Eisen, Beton, Glas, Stroh, Torf, Eis, Bambus oder Pappkartons – alles ist möglich! Auf der ganzen Erde verwenden die Menschen, was sie finden oder herstellen können, um Häuser zu bauen. Gebäude aus Stein stehen manchmal jahrtausendelang, während Holzhäuser oft neu erbaut werden müssen.

IGLU

Schneeblöcke werden zu einer Kuppel aufeinandergestapelt.

TITICACASEE

Schilfhäuser baut man auf schwimmenden Inseln aus Schilf.

WARUM BAUT MAN SCHILFHÄUSER?

Meistens verwendet man die Baumaterialien, die in der Nähe zur Verfügung stehen. Am Ufer des Titicacasees in Peru wächst hohes Schilf. Die Indianer, die dort leben, errichten daraus ihre schönen Häuser.

WARUM BAUT MAN HÄUSER AUF PFÄHLEN?

In vielen Teilen der Erde baut man Häuser auf Pfählen, damit sie vor Überflutung geschützt sind oder damit Tiere nicht in die Häuser laufen können.

WARUM HABEN CHALETS GROSSE DÄCHER?

In den Schweizer Bergen haben die Häuser besonders breite Dächer. Sie halten die Schneemassen aus, die hier im Winter fallen.

WARM WIE SCHNEE

Schnee isoliert hervorragend; deshalb ist es in einem Iglu erstaunlich warm – besonders, wenn drinnen geheizt wird.

Andere Behausungen

Moderne Gebäude sehen überall ähnlich aus, von Frankfurt bis Singapur. Aber es gibt noch immer alle möglichen traditionellen Behausungen – wie Schlammhütten, Wohnräume, die aus Felsen geschlagen wurden, oder Beduinenzelte.

WO LEBEN MENSCHEN IN KAMINEN AUS STEIN?

In Kappadokien in der Osttürkei – hier haben die Menschen ihre Häuser in natürliche, kegelförmige Tuffsteinformationen gegraben.

WO IST DIE BLAUE STADT?

Im indischen Bundesstaat Rajastan. Die Stadt Jodhpur ist als „Blaue Stadt" bekannt, denn viele Häuser hier sind blau gestrichen (rechts). Die Bewohner glauben, dass die Farbe die Wärme reflektiert und Moskitos abschreckt.

WO BAUT MAN SCHLAMMHÜTTEN?

Überdachte Hütten mit Wänden aus getrocknetem Schlamm kann man noch heute in Teilen Afrikas sehen, wie in Mali. Das Baumaterial ist billig, und innen ist es kühl. Oft sehen die Hütten außerdem schön aus.

WELCHE MENSCHEN LEBEN IN WOHNWAGEN?

Viele Roma in Europa leben in Wohnwagen. Sie fahren von einem Stellplatz zum nächsten. Die Roma kamen vor 500 Jahren von Indien nach Europa.

WARUM ERFAND MAN WOLKENKRATZER?

Damit mehr Menschen in den begrenzten Innenstädten leben und arbeiten können. Die ersten Hochhäuser errichtete man vor etwa 120 Jahren in Chicago.

RÄTSELFRAGE

WARUM LEBEN MENSCHEN IN ZELTEN?

Viele Menschen leben nicht das ganze Jahr über an einem Ort, sondern sie folgen ihren Schaf- und Ziegenherden. Man nennt sie Nomaden. Die Beduinen in Nordafrika sind Nomaden. Ihre Zelte weben sie aus Kamelhaar (unten).

Planet Erde

Erdgeschichte

WIE WIRD DIE ERDGESCHICHTE EINGETEILT?

Wissenschaftler unterteilen die letzten 542 Millionen Jahre in drei Ären: das Paläozoikum (Erdaltertum), das Mesozoikum (Erdmittelalter) und das Känozoikum (Erdneuzeit). Die Zeit vor dem Paläozoikum unterteilt man in drei Äonen: das Hadaikum, das Archaikum und das Proterozoikum (siehe Zeitskala unten).

WAS SIND PERIODEN UND EPOCHEN?

Eine Ära unterteilt man in Perioden, wie den Jura. Eine Periode wird in wiederum in Epochen unterteilt, zum Beispiel das Pleistozän (Eiszeitalter).

DIE GEBURT DER ERDE

Die Erde entstand vor 4,6 Milliarden Jahren, aber erst etwa 800 Millionen Jahre später konnte sich Leben entwickeln.

Moderne Menschen leben erst seit etwa 200 000 Jahren auf der Erde. Wissenschaftler können aber rekonstruieren, wie die Erde zuvor beschaffen war, indem sie Gesteine und Fossilien untersuchen. Heute wissen wir recht genau, wie viele der ersten Tiere ausgesehen haben.

ZEITSKALA

Dies ist eine Gliederung der Erdgeschichte.

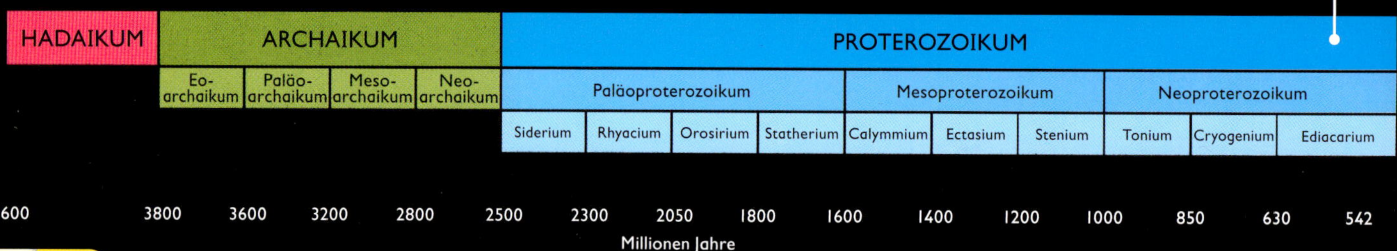

WIE SAHEN DIE ERSTEN TIERE AUS?

Vor etwa 500 Millionen Jahren hatten sich in den Ozeanen aus Bakterien die ersten fischähnlichen Tiere entwickelt. Diese seltsamen Kreaturen hatten keine Kiefer, sondern saugnapfartige Mäuler.

FRÜHES LEBEN

Stromatolithen sind Gebilde aus Bakterienfilmen und Kalziumkarbonat (Kalk).

RÄTSELFRAGE

WAS SIND STROMATOLITHEN?

Die ersten ursprünglichen Lebensformen auf der Erde erschienen erstmals vor etwa 3,8 Milliarden Jahren. Diese Bakterien lebten in den Meeren, und einige von ihnen bildeten Strukturen, die man Stromatolithen nennt und heute noch in manchen seichten Meeren findet (links).

WARUM GAB ES ZUVOR NOCH KEIN LEBEN?

Vermutlich war die Erdoberfläche während der ersten Jahrmillionen noch nicht fest. Das Leben entwickelte sich in den Ozeanen, und diese bildeten sich erst nach 400–800 Millionen Jahren.

WANN BESIEDELTEN PFLANZEN DAS FESTLAND?

Die ersten einfachen Landpflanzen entwickelten sich im Silur. Sie pflanzten sich mit Sporen fort, setzten Sauerstoff frei und boten den ersten Landtieren Nahrung. Im Devon entwickelten sich aus Fischen, deren Flossen sich zu Beinen umgebildet hatten, die ersten Amphibien.

Entwicklung des Lebens

Bakterien waren die ersten Lebensformen, und auch wir Menschen stammen letztendlich von ihnen ab. Als Evolution bezeichnet man den Prozess, bei dem sich Lebewesen im Lauf der Generationen verändern. Entwickelt ein Tier ein vorteilhaftes neues Merkmal, so wird dieses an die nächsten Generationen vererbt.

WARUM STARBEN DIE DINOSAURIER AUS?

Die Dinosaurier starben zum Ende der Kreide vor 65 Millionen Jahren aus. Viele Wissenschaftler glauben, dass damals ein riesiger Asteroid auf der Erde einschlug. Demnach wirbelte der Einschlag riesige Staubwolken auf, die das Sonnenlicht lange Zeit abschirmten. Die Pflanzen starben ab – und die Dinosaurier verhungerten.

FOSSILIEN

Dieser Fisch hat ein Rückgrat und lebte im Devon.

WIE SAHEN DIE ERSTEN WIRBELTIERE AUS?

Die ersten Tiere mit einer Wirbelsäule waren Kieferlose (Agnatha). Diese fischähnlichen Tiere entwickelten sich im Ordovizium. Fische mit Knorpelskeletten wie Haie erschienen im Devon.

WAS PASSIERTE IM KAMBRIUM?

Vor dieser Periode hatten die meisten Lebewesen einen weichen Körper, weshalb nur wenige versteinerten. Im Kambrium entwickelten viele Tiere harte Körperteile. Sie sind vielfach als Fossilien in Gesteinen erhalten und können heute von Wissenschaftlern untersucht werden.

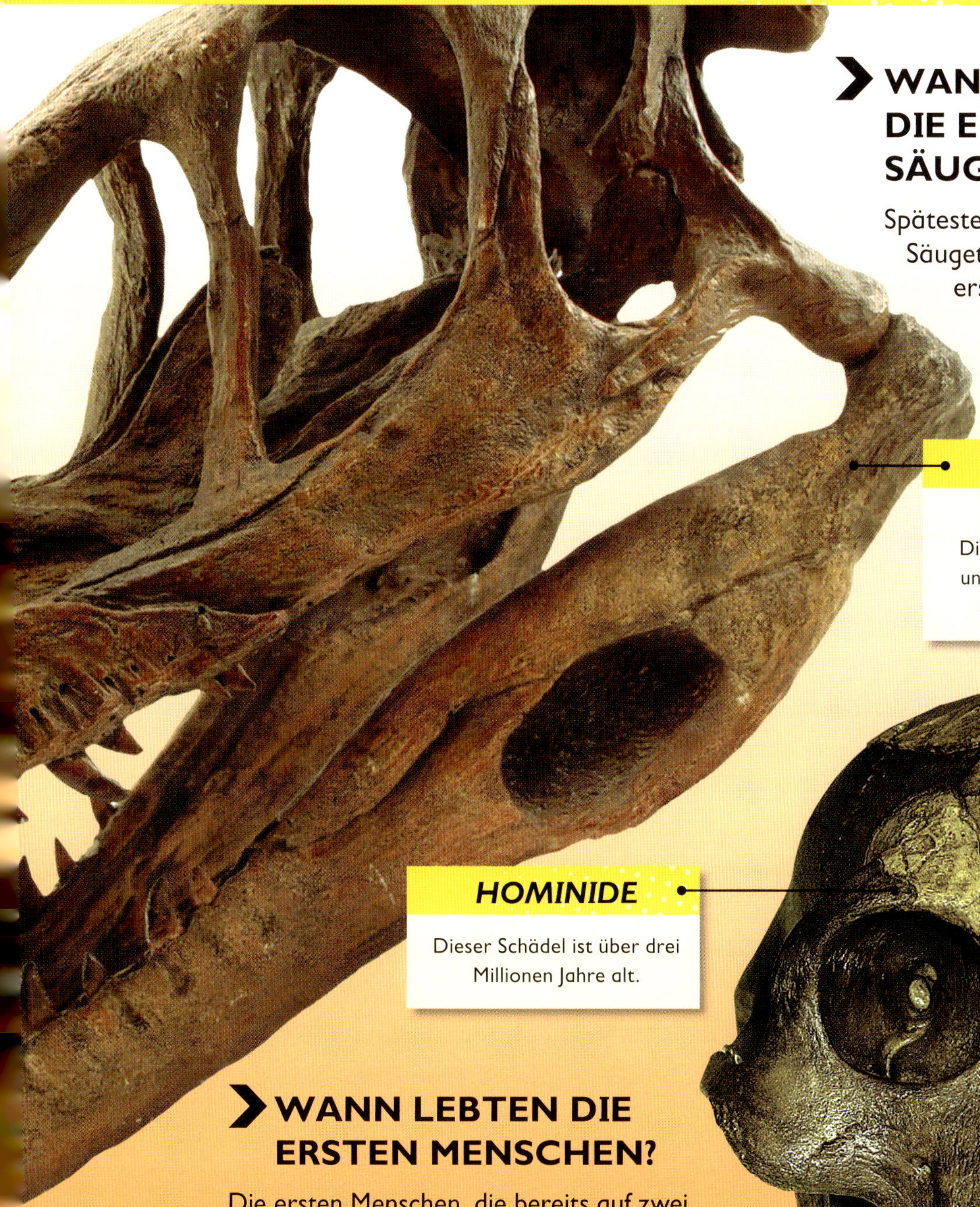

WANN ERSCHIENEN DIE ERSTEN SÄUGETIERE?

Spätestens seit dem Jura leben Säugetiere auf der Erde. Aber erst nachdem die Dinosaurier ausgestorben waren, vermehrten sie sich überall.

DEINONYCHUS

Dieser fleischfressende Dinosaurier hatte scharfe Zähne und kräftige Kiefer, mit denen er seine Beute ergriff und fraß.

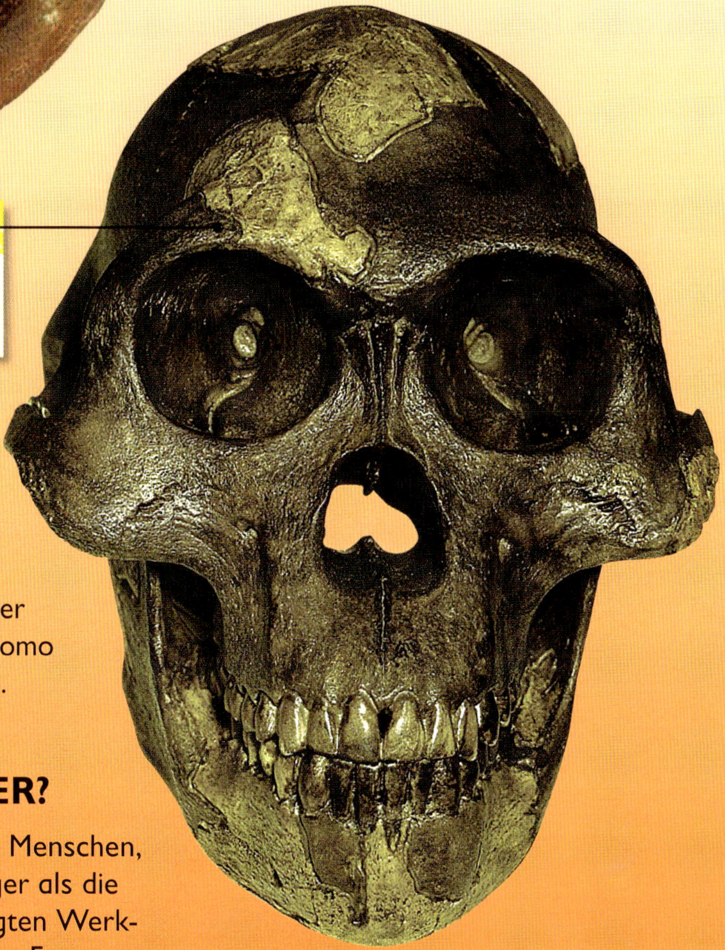

HOMINIDE

Dieser Schädel ist über drei Millionen Jahre alt.

WANN LEBTEN DIE ERSTEN MENSCHEN?

Die ersten Menschen, die bereits auf zwei Beinen liefen, entwickelten sich vor über vier Millionen Jahren. Der moderne Mensch (Homo sapiens) erschien vor etwa 200 000 Jahren.

WER WAREN DIE NEANDERTALER?

Die Neandertaler waren Verwandte der modernen Menschen, die vor 24 000 Jahren ausstarben. Sie waren kräftiger als die modernen Menschen und stark bemuskelt. Sie fertigten Werkzeuge wie Speere und Keilmesser an und nutzten das Feuer.

Erdkruste und Erdmantel

Die Oberfläche der Erde erscheint uns zwar fest, in Wirklichkeit besteht die Erdkruste aus einem riesigen Puzzle aus Platten, die auf zähplastischem, verformbarem Gestein schwimmen. Die Platten bewegen sich mit Strömungen im Erdmantel. Im Lauf von Jahrmillionen werden dabei hohe Gebirge aufgeschoben.

WAS IST DER ERDMANTEL?

Der Mantel besteht aus zähplastischem Gestein und ist etwa 2800 Kilometer dick. Er bildet 70 Prozent des Volumens der Erde und umgibt den Kern, der viel Eisen enthält. Die Erdkruste, auf der wir leben, befindet sich über dem Mantel. Diese relativ dünne Schicht besteht aus festen Gesteinen.

WAS SIND TEKTONISCHE PLATTEN?

Die harte Erdkruste ist in Platten unterteilt. Diese driften auf dem Erdmantel.

WIE DICK SIND DIE PLATTEN?

Es gibt etwa sieben große Platten. Wie dick sie sind, weiß man nicht genau, an manchen Stellen könnten es über 50 Kilometer sein.

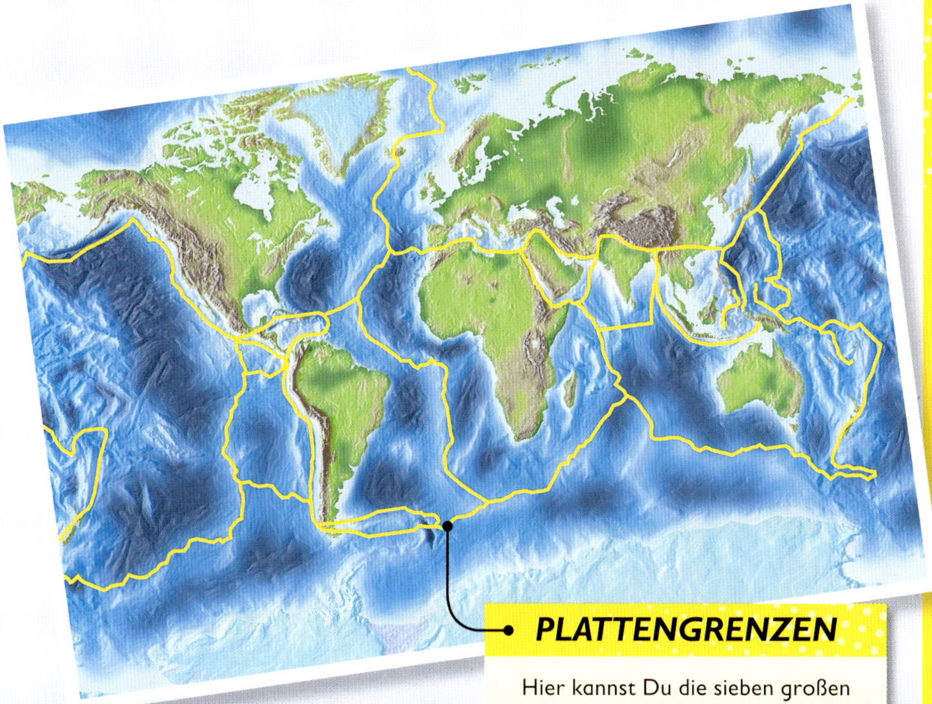

PLATTENGRENZEN

Hier kannst Du die sieben großen und vielen kleinen Platten der Erdkruste sehen.

WIE SCHNELL BEWEGEN SICH DIE PLATTEN?

Die Platten bewegen sich im Schnitt zwischen drei und sieben Zentimeter im Jahr. Das scheint wenig, aber im Lauf von Jahrmillionen verändert sich die Oberfläche der Erde stark.

WAS PASSIERT, WENN PLATTEN DER ERDKRUSTE KOLLIDIEREN?

Wenn das bei einem Tiefseegraben geschieht, taucht eine Platte unter der anderen ab. Stoßen Kontinentalplatten zusammen, wird ein Gebirge aufgeschoben.

WIE BEWEGEN SICH DIE PLATTEN?

Die Platten können sich voneinander weg, aufeinander zu und an Transformstörungen auch seitlich aneinander vorbei bewegen.

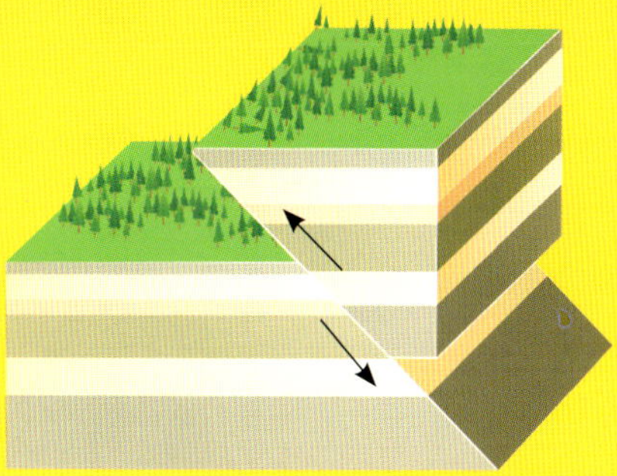

Platten bewegen sich aufeinander zu.

Platten bewegen sich seitlich (Transformstörung).

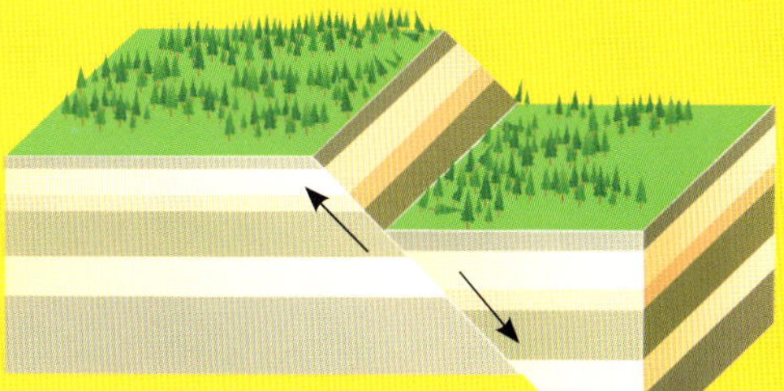

Platten bewegen sich voneinander weg.

Kontinentaldrift

Die Kontinente – Europa, Nord- und Südamerika, Afrika, Australien, Asien und Antarktika – liegen auf verschiedenen Platten. Diese bewegen sich ständig, sodass sich die Erde langsam verändert. Die Bewegung nennt man die Kontinentaldrift.

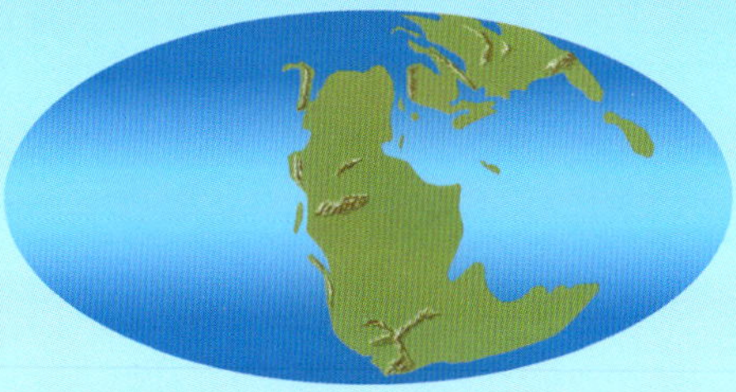

Vor 220 Millionen Jahren

Vor 155 Millionen Jahren

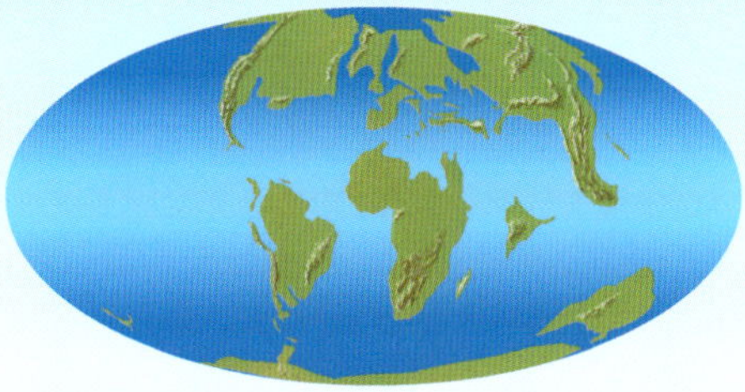

Vor 60 Millionen Jahren

SAH DIE ERDE IMMER AUS WIE HEUTE?

Nein, hätten Außerirdische sie vor 200 Millionen Jahren besucht, hätten sie einen einzigen Urkontinent, Pangäa genannt, vorgefunden. Vor etwa 180 Millionen Jahren begann Pangäa auseinanderzubrechen. Vor 100 Millionen Jahren drifteten die Platten, auf denen Indien, Australien und die Antarktis liegen, von Afrika fort – und Nordamerika entfernte sich von Europa.

BEWEGEN SICH DIE KONTINENTE NOCH HEUTE?

Ja, Afrika bewegt sich zum Beispiel jährlich einige Millimeter auf Europa zu. Nord- und Südamerika entfernen sich weiter von Afrika.

WER ENTWICKELTE DIE KONTINENTALDRIFTTHEORIE?

Ein Amerikaner, F. B. Taylor, und ein Deutscher, Alfred Wegener, zu Beginn des 20. Jahrhunderts. Doch man konnte lange nicht erklären, wie die Kontinente sich bewegen – bis man in der 1960er-Jahren Tiefseebohrungen durchführte.

HAWAII

Hinter dem Waikiki-Strand ragt ein Vulkankegel auf.

RÄTSELFRAGE

KANN MAN DIE VERSCHIEBUNG MESSEN?

Ein weltweites Netz aus Beobachtungsstationen misst, wie lange es dauert, bis Laserstrahlen von einem Satelliten zurückgeworfen werden. So kann man exakt bestimmen, wo die Kontinente liegen und wie sie sich bewegen.

KONNTE MAN DIE DRIFT ANHAND VON FOSSILIEN BEWEISEN?

Ja, denn man hat Fossilien von Tieren, die nicht schwimmen konnten, auf verschiedenen Kontinenten gefunden. Vermutlich waren die Kontinente einst miteinander verbunden, sodass die Tiere ungehindert umherlaufen konnten.

LASERMESSUNG

Mit einem Laser des McDonald-Observatoriums in Texas, USA, misst man die Drift der Kontinente.

WIE ENTSTANDEN DIE INSELN VON HAWAII?

Diese Inselkette ist ein Beleg dafür, dass die Kontinente sich bewegen. Sie entstand, als sich die Pazifische Platte über einen Hotspot („heiße Stelle“) im Mantel bewegte. Nacheinander brachen mehrere Vulkane aus der Erdkruste, und im weiteren Verlauf bildete sich eine Kette von Vulkaninseln.

Erdbeben

Die Erde bebt, wenn sich die Platten der Erdkruste ruckartig bewegen. Bei starken Erdbeben wackeln Gebäude und stürzen ein. Bei Erdbeben im Gebirge kann es zu einem Erdrutsch kommen, der oft Städte und Täler unter sich begräbt.

WO KOMMT ES HÄUFIG ZU ERDBEBEN?

Die stärksten Erdbeben ereignen sich an den Plattengrenzen. Die Platten sind miteinander verzahnt. Nimmt der Druck auf sie zu, kann es zu einer ruckartigen Bewegung kommen, sodass die Erde bebt.

GIBT ES ERDBEBEN UND VULKANAUSBRÜCHE STETS IN DENSELBEN REGIONEN?

Ja, denn die meisten aktiven Vulkane befinden sich an den Plattenrändern; dort sind Erdbeben am häufigsten.

WAS IST EIN TSUNAMI?

Erdbeben am Meeresgrund lösen Wellen aus, die man Tsunamis nennt. Sie breiten sich mit hoher Geschwindigkeit – bis zu 800 Kilometern pro Stunde! – im Wasser aus. Erreicht die Welle eine Küste, wird sie zu einer tödlichen Woge, die viele Meter hoch sein kann.

SAN FRANCISCO

1906 wurde die Hälfte der Gebäude in San Francisco bei einem Erdbeben zerstört.

RÄTSELFRAGE

WAS IST DIE SAN-ANDREAS-VERWERFUNG?

So nennt man eine lange Transformstörung (siehe S. 93) in Kalifornien. Bei Bewegungen der Platten kam es bereits zu starken Erdbeben in San Francisco und Los Angeles.

SICHUAN

2008 bebte die Erde in der Provinz Sichuan in China. Über 69 000 Menschen starben.

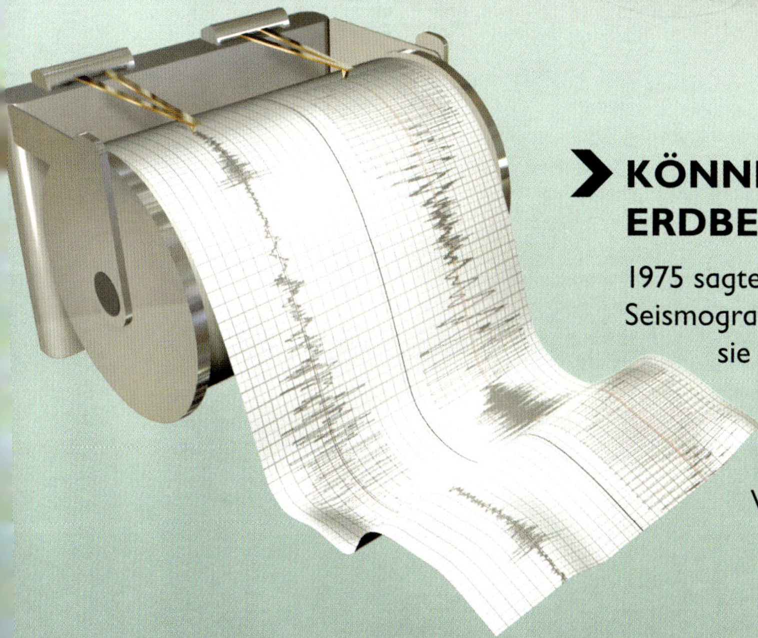

KÖNNEN WISSENSCHAFTLER ERDBEBEN VORHERSAGEN?

1975 sagten chinesische Wissenschaftler mithilfe eines Seismografen ein Erdbeben genau voraus. Damit retteten sie vielen Menschen das Leben. Man hat jedoch noch keine wirklich sichere Methode entwickelt, um Erdbeben vorauszusagen. Deshalb gibt es auf der ganzen Welt oft sehr viele Tote und Verletzte, wenn die Erde bebt.

Vulkane

Vulkane brechen aus, wenn heißes geschmolzenes Gestein aus den Tiefen des Erdmantels an der Oberfläche austritt. Die Gesteinsschmelze nennt man Magma. Wenn sie an der Oberfläche austritt, heißt sie Lava. Vulkane brechen meistens an Plattengrenzen aus.

WAS SIND HOTSPOTS?

Manche Vulkane liegen weit von den Plattenrändern entfernt. Sie brechen an Hotspots aus – Stellen im Erdmantel, an denen es sehr heiß ist. Hawaii im Pazifischen Ozean befindet sich über einem solchen Hotspot.

BRECHEN ALLE VULKANE GLEICH AUS?

Nein, Vulkane können an den Seiten oder an der Spitze explodieren oder fast lautlos ausbrechen. Im Magma explosiver Vulkane sind Gase und Wasserdampf eingeschlossen. Deshalb explodiert es, und Säulen aus Asche und Staub steigen auf. Manchmal treten Asche- und Gaswolken auch an den Flanken des Vulkans aus. Bei anderen Vulkanen tritt flüssige Lava aus und fließt bergab.

LAVASTRÖME

Lava tritt aus einem Schlot aus und fließt bergab. Dabei verbrennt alles, was im Weg ist.

WAS SIND HEISSE QUELLEN UND GEYSIRE?

An diesen Stellen tritt Wasser aus, das von Magma in der Erde erhitzt wurde. An heißen Quellen tritt das Wasser an der Oberfläche aus. Bei einem Geysir steigen kochendes Wasser und Dampf in einer Fontäne auf.

WAS IST EIN ERLOSCHENER VULKAN?

Ein Vulkan, der lange Zeit nicht mehr ausgebrochen ist und von dem Wissenschaftler glauben, dass er nie wieder ausbrechen wird.

WAS IST EIN SCHLAFENDER VULKAN?

Manche aktiven Vulkane brechen von Zeit zu Zeit wieder aus. Wenn sie nicht aktiv sind, sagt man, sie schlafen.

BRINGEN UNS VULKANE AUCH VORTEILE?

Vulkanausbrüche richten enorme Schäden an; aber Vulkanasche ist sehr fruchtbar. Vulkanisches Gestein verwendet man auch zum Bauen und in der chemischen Industrie.

GEYSIR

Wenn der Lady-Knox-Geysir in Neuseeland ausbricht, steigt eine Wasserfontäne auf.

POMPEJI

Der Vulkan Vesuv brach im Jahr 79 aus und begrub die Stadt Pompeji unter seiner Asche. Dieses Opfer wurde verschüttet, bevor es fliehen konnte.

Steine und Mineralien

Mineralien sind Festkörper, die sich in der Erde gebildet haben. Ein häufiges Mineral ist Quarz. Wie alle Mineralien hat es eine Kristallstruktur: Die Atome sind symmetrisch angeordnet. Gesteine bestehen aus verschiedenen Mineralien.

WAS SIND ELEMENTE UND MINERALIEN?

In der Erdkruste kommen 92 chemische Elemente vor. Am häufigsten sind Sauerstoff und Silizium. Manche Mineralien, wie gediegenes Gold, bestehen nur aus einem Element, die meisten aber aus mehreren. Mineralien aus den Elementen Sauerstoff und Silizium wie Quarz nennt man Silikate.

WELCHE SIND DIE DREI HAUPT-GESTEINSGRUPPEN?

Es gibt Sedimentgesteine, magmatische und metamorphe Gesteine. Magmatische Gesteine wie Basalt und Granit bilden sich aus erkaltetem Magma. Viele Sedimentgesteine wie Sandsteine bestehen aus anderen Gesteinen. Sandkörner wiederum bestehen oft aus Quarz, einem Mineral, das in Granit vorkommt. Metamorphe Gesteine sind durch Hitze und Druck veränderte Gesteine. Sandstein etwa wird bei großer Hitze zu Marmor.

WAS SIND DIE HÄUFIGSTEN GESTEINE?

Sedimentgesteine bedecken auf der Erde 75 Prozent des Festlandes. Die oberen sechs Kilometer der Erdkruste bestehen zu 95 Prozent aus magmatischen Gesteinen.

KREIDEFELSEN

Die weißen Kreidefelsen von Dover in England bestehen aus Kalkstein.

WELCHE MINERALIEN SIND AM WERTVOLLSTEN?

Edelsteine wie Diamanten, Rubine und Saphire sind wertvolle Mineralien. Auch Gold und Silber sind Mineralien, die aus nur einem Element bestehen.

GOLD-NUGGETS

In Gesteinen und im Boden kann man Goldklumpen finden.

WAS IST EIN KONGLOMERAT?

So nennt man Sediment-gesteine, die aus ver-schieden großen Steinen und Sand bestehen. Konglomerate sind jahrtausendealte Flussablagerungen.

BERGWERK

Kohle wird oft tief unter der Erde abgebaut und ist weltweit ein wichtiger Brennstoff.

RÄTSELFRAGE ?

IST KOHLE EIN GESTEIN?

Nein, Kohle ist kein echtes Gestein. Kohle hat sich vor Jahrmillionen aus den Überresten von Lebewesen (Organismen) gebildet, nicht aus anorganischen Mineralien. Kohle, Öl und Gas nennt man deshalb auch fossile Brennstoffe.

Weitere Steine und Mineralien

Seit Jahrtausenden verwenden die Menschen Steine und Mineralien. Mit Steinen errichtet man Bauwerke. Die ägyptischen Pyramiden zum Beispiel bestehen aus Sandstein, die Londoner Kathedrale St. Paul's aus Kalkstein. Mineralien werden in der Industrie zu unterschiedlichsten Zwecken verwendet.

KÖNNEN MINERALIEN UNSICHTBAR MACHEN?

Nein, im Mittelalter glaubten die Menschen aber, dass ein in ein Lorbeerblatt gewickelter Opal unsichtbar machte.

AMETHYST

Der Amethyst ist der Geburtsstein für Menschen, die im Februar geboren wurden.

WAS SIND GEBURTSSTEINE?

Geburtssteine sind Mineralien, die den Monat symbolisieren sollen, in dem ein Mensch geboren wurde. Der Granat ist der Geburtsstein des Monats Januar, der Rubin der für im Juli Geborene.

DIAMANT

Diamanten findet man überall auf der Erde, etwa die Hälfte stammt jedoch aus Afrika.

WAS IST DAS HÄRTESTE MINERAL?

Diamanten bestehen aus reinem Kohlenstoff. Sie sind die härtesten natürlichen Stoffe.

WELCHE GESTEINE VERWENDET MAN HÄUFIG ZUM BAUEN?

Zwei Sedimentgesteine, Kalk- und Sandstein; auch das magmatische Gestein Granit eignet sich gut zum Bauen. Mit dem metamorphen Gestein Marmor schmückt man oft die Fassaden.

KOMMEN MANCHE MINERALIEN HÄUFIGER VOR ALS ANDERE?

Ja, viele der häufig verwendeten Mineralien kommen auch häufig vor. Andere sind selten – sie werden oft wiederverwertet. Das ist energiesparend, denn man benötigt viel Energie, um Erze wie Eisenerz zu erhitzen und das Metall zu gewinnen.

MARMOR

Die Akropolis in Athen wurde aus Marmor erbaut.

KARYATIDEN

Aus Marmor fertigen Bildhauer Skulpturen an, wie diese Frauenstatuen aus dem 5. Jh. v. Chr.

WELCHER EDELSTEIN IST DER GRÖSSTE DER ERDE?

Um diesen Titel konkurrieren viele Edelsteine. Es könnte ein Smaragd sein, der fast 150 Zentimeter lang ist und über 550 Kilogramm wiegt – etwa so viel wie sieben Männer!

DIAMANTEN

Diamanten misst man in Karat. Ein Karat sind 0,2 Gramm. Ein einkarätiger Diamant ist bis zu 25 000 Euro wert.

Fossilien

Fossilien sind Lebewesen, die vor Jahrmillionen versteinert sind. Sie wurden meistens mit Sand oder Schlamm verschüttet. Die weichen Körperteile sind oft verwest, die harten aber, wie Knochen, Zähne oder Schalen, haben sich als Mineralien oder Abdrücke im Gestein erhalten.

WIE WERDEN FOSSILIEN ZU STEIN?

Wenn Baumstämme oder Knochen verschüttet werden, ersetzen manchmal im Wasser gelöste Mineralien die ursprünglichen Stoffe, aus denen das Lebewesen bestand. Holz oder Knochen können so zu Stein werden.

WAS SIND SPURENFOSSILIEN?

Spurenfossilien erzählen uns etwas über Tiere, die vor langer Zeit gelebt haben. Manchmal sind deren Baue erhalten, sodass Wissenschaftler auf ihre Lebensweise schließen können. Auch versteinerte Fußabdrücke sind Spurenfossilien.

WAS IST EIN AMMONIT

Ammoniten waren Verwandte der heutigen Tintenfische, die im Meer lebten. Ihre fossilen Gehäuse findet man häufig in Gesteinen aus dem Mesozoikum (Erdmittelalter).

DINOSAURIERSPUREN

Fußspuren in Schlamm können versteinern, wenn der Schlamm trocknet und dann von neuen Schlammmassen verschüttet wird.

TRILOBITEN

Trilobiten kamen im Paläozoikum in den Meeren sehr häufig vor.

GIBT ES TIERE AUS DER URZEIT, BEI DENEN DAS FLEISCH ERHALTEN IST?

In Sibirien lebten vor 40 000 Jahren Wollhaarmammuts. Manche versanken im sumpfigen Boden. Ihre Körper gefroren anschließend, und einige Mammuts blieben so erhalten.

WIE ALT IST DAS ÄLTESTE VERSTEINERTE INSEKT?

Ein Insekt, *Rhyniognatha hirsti*, ist 400 Millionen Jahre alt. Man fand es 1919 in Schottland. Wahrscheinlich hatte es Flügel und wäre dann das älteste bekannte Lebewesen, das fliegen konnte.

RÄTSELFRAGE ?

WAS IST BERNSTEIN?

Bernstein ist das fossile Harz von Bäumen. Manchmal sind kleine Tiere eingeschlossen, die am Harz kleben blieben und dann versteinerten.

GROSS UND SCHNELL

Aus Dinosaurierspuren können Forscher schließen, wie lang die Beine des Tiers waren und wie schnell es laufen konnte.

FOSSILE INSEKTEN

Diese Insekten blieben vor Jahrmillionen am Harz kleben.

Weitere Fossilien

Paläontologen sind Wissenschaftler, die Fossilien erforschen, um herauszufinden, wie die Tiere vor Jahrmillionen ausgesehen und gelebt haben könnten. So machen sie sich ein Bild davon, wie es einstmals auf der Erde aussah.

WIE BESTIMMT MAN DAS ALTER VON FOSSILIEN?

Manche Tiere wurden unter Vulkanasche begraben. In der Asche sind manchmal radioaktive Stoffe enthalten, deren Alter sich bestimmen lässt. So kann man darauf schließen, wann das Tier gelebt hat.

WAS IST VERKOHLUNG?

Abgestorbene Blätter verrotten in der Regel. Manchmal werden sie aber auf dem Grund eines Sees von Schlamm begraben. Im Lauf der Zeit verändern Bakterien die stoffliche Zusammensetzung des Blattes, bis nur noch der Kohlenstoff übrig ist. Die Blattform bleibt dann als Kohlenstoffschicht im Gestein erhalten.

FOSSILE BLÄTTER

Die Abdrücke dieser Blätter blieben als Kohlenstoffschicht erhalten.

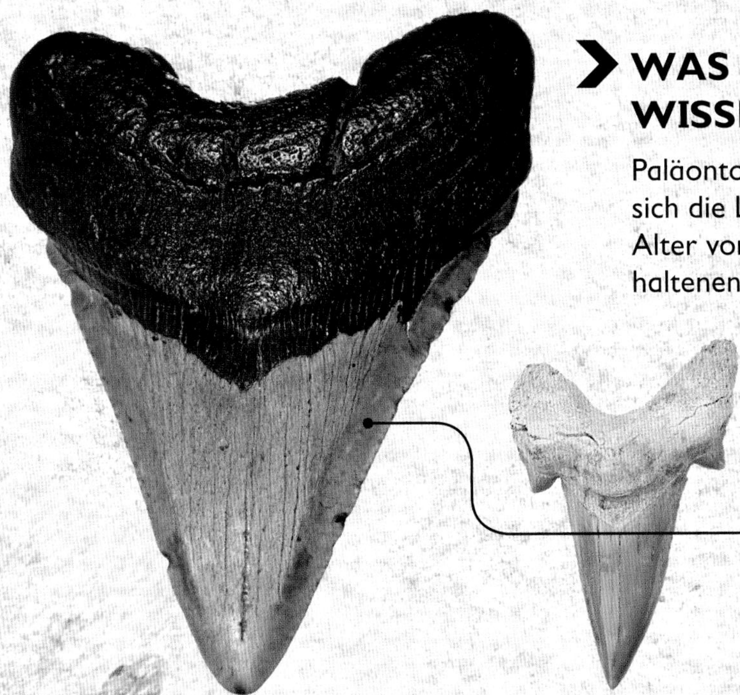

WAS VERRATEN FOSSILIEN DEN WISSENSCHAFTLERN?

Paläontologen erforschen Fossilien, um herauszufinden, wie sich die Lebewesen auf der Erde entwickelt haben. Auch das Alter von Gesteinen können sie anhand der in ihnen enthaltenen Fossilien bestimmen, denn viele Tierarten haben nur während einer bestimmten Zeitspanne auf der Erde gelebt. Solche Fossilien nennt man Leitfossilien. Findet man ihre Versteinerungen, weiß man, wie alt das Gestein ungefähr ist.

VERRÄTERISCHE ZÄHNE

Haizähne aus der Urzeit, etwa vom *Megalodon* oder *Otodus obliquus*, verraten Wissenschaftlern, was der Hai gefressen haben könnte.

WAS IST EIN VERSTEINERTER BAUMSTAMM?

Baumstämme versteinern, wenn die Stoffe, aus denen sie bestehen, durch im Wasser gelöste Mineralien ersetzt werden. Langsam entsteht eine Nachbildung des Baumstammes aus Stein. Im amerikanischen Petrified-Forest-Nationalpark in Arizona zum Beispiel sind viele versteinerte Baumstämme erhalten.

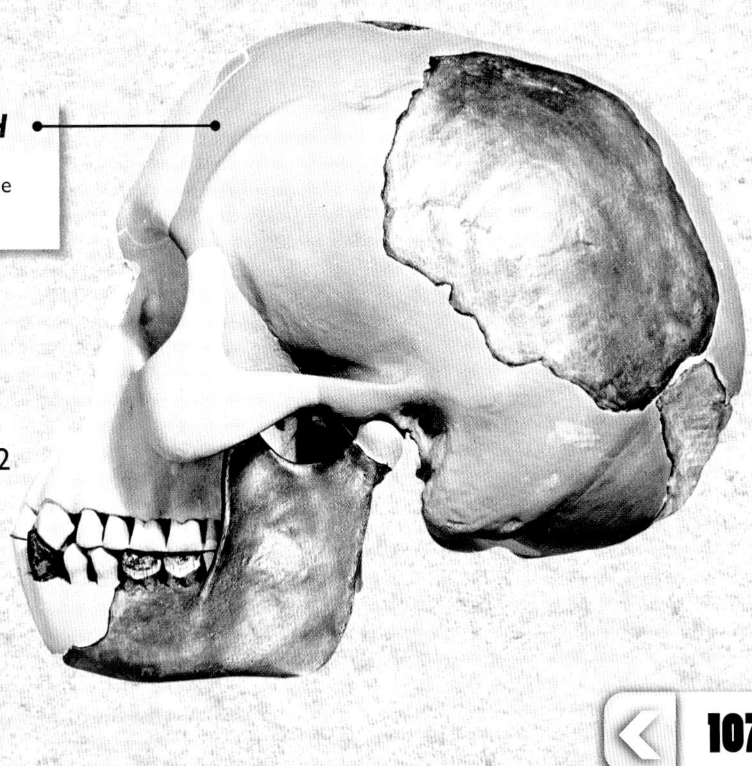

PILTDOWN-MENSCH

Bis heute weiß man nichts über die Identität des Piltdown-Mannes.

WER WAR DER PILTDOWN-MANN?

In der Nähe des Dorfes Piltdown in England wurden zwischen 1910 und 1912 Knochen entdeckt, die man zunächst für die Fossilien eines Vorfahren des Menschen hielt. Es handelte sich aber um eine Fälschung: Der Schädel war der eines Menschen, der Unterkiefer jedoch der eines Orang-Utans.

Rekorde der Erde

HOCHLAND VON TIBET

Tibet nennt man auch das „Dach der Welt“.

Im Lauf von Jahrmillionen entstanden durch konstante Plattenbewegungen und große Hitze unter der Erdkruste hohe Gebirgszüge und gewaltige Vulkane. Ozeane ergießen sich in weite Meeresbuchten, und Flüsse schlängeln sich über die Kontinente. Unsere Erde ist ein faszinierender Planet.

WELCHES IST DAS GRÖSSTE HOCHLAND-PLATEAU?

Das Hochland von Tibet in China – es erstreckt sich über 1,8 Millionen Quadratkilometer.

WELCHES IST DAS GRÖSSTE FLUSSSYSTEM?

Das Amazonasbecken in Südamerika bedeckt etwa sieben Millionen Quadratkilometer. Der Rio Madeira, der in den Amazonas fließt, ist mit über 1300 Kilometern der längste Zufluss der Erde.

WELCHES IST DER TIEFSTE SEE?

Der Baikalsee in Sibirien im Osten Russlands ist der tiefste See der Erde. An seiner bisher tiefsten Stelle wurden 1637 Meter gemessen.

RIESIGES GEBIET

Das Tibetische Hochland ist etwa vier Mal so groß wie Frankreich und liegt im Schnitt 5000 Meter hoch.

WIE HEISST DIE GRÖSSTE INSEL?

Grönland – mit einer Fläche von mehr als zwei Millionen Quadratkilometern. Australien ist ein Kontinent, keine Insel.

WELCHER IST DER HÖCHSTE VULKAN?

Der Mauna Kea in Hawaii. Er ist der höchste Vulkan und der höchste Berg der Erde; allerdings befinden sich fast 6000 Meter unter Wasser.

WELCHE IST DIE GRÖSSTE BUCHT?

Die Hudson Bay in Kanada nimmt über 1,2 Millionen Quadratkilometer Fläche ein. Über die Hudsonstraße ist sie mit dem Nordatlantik verbunden.

AMAZONASBECKEN

Das Amazonasbecken gehört zu sechs verschiedenen Ländern.

BAIKALSEE

Im See befindet sich mehr Wasser als in den fünf Großen Seen Nordamerikas zusammen.

Weitere Erdrekorde

Auf unserem faszinierenden Planeten können wir 8848 Meter hoch auf den Gipfel des Mount Everest steigen oder 1750 Meter hinab in die tiefste Höhle der Erde klettern. Wir können den größten See der Welt befahren oder riesige Kontinente bereisen.

RÄTSELFRAGE

WELCHER IST DER LÄNGSTE FLUSS?

Der Nil in Nordostafrika – er ist 6671 Kilometer lang. Der zweitlängste Fluss, der Amazonas in Südamerika, führt 60 Mal so viel Wasser wie der Nil.

WELCHER SEE IST DER GRÖSSTE BINNENSEE?

Das salzhaltige Kaspische Meer, das teilweise zu Europa, teilweise zu Asien gehört. Es nimmt eine Fläche von etwa 380 000 Quadratkilometern ein. Der größte Süßwassersee ist der Obere See, einer der Großen Seen in Nordamerika – mit etwa 82 000 Quadratkilometern.

DAS TOTE MEER

Dieser See ist fast neun Mal so salzhaltig wie die Ozeane.

WELCHE IST DIE AM TIEFSTEN GELEGENE REGION AN LAND?

Das ist die Küste des Toten Meeres zwischen Israel und Jordanien. Sie liegt etwa 400 Meter unter dem Meeresspiegel des Mittelmeers.

WELCHE IST DIE TIEFSTE HÖHLE?

Das Reseau Jean Bernard in Frankreich: Das Höhlensystem führt in eine Tiefe von 1750 Meter hinab in die Erde.

LEUCHTTURM

Etwa 50 Leuchttürme warnen Seefahrer an der 4300 Kilometer langen Küste des Oberen Sees.

WELCHER IST DER GRÖSSTE KONTINENT?

Asien, das sich über ein Gebiet von 44,6 Millionen Quadratkilometer erstreckt. Die anderen Kontinente sind Afrika (30,3 Mio. km^2), Nordamerika (24,9 Mio. km^2), Südamerika (17,8 Mio. km^2), Antarktika (13,2 Mio. km^2), Europa (10,2 Mio. km^2) und Australien (7,7 Mio. km^2).

WELCHER IST DER GRÖSSTE OZEAN?

Der Pazifische Ozean – er bedeckt ein Drittel der Erdoberfläche, etwa 180 Millionen Quadratkilometer. Auf der Erde gibt es vier weitere Ozeane: Den Atlantischen, den Indischen, den Südlichen und den Arktischen Ozean.

GRÖSSTER SEE

Über 200 Flüsse fließen in den Oberen See. Der Abfluss ist der St. Mary's River.

Veränderungen der Erde

Verwitterung

Es gibt verschiedene Arten der Verwitterung. Bei physikalischer Verwitterung brechen Gesteine auf, weil sie den Bedingungen der Atmosphäre ausgesetzt sind. Chemische Verwitterungen werden durch chemische Stoffe verursacht.

VERWITTERNDER STEIN

Regenwasser lässt vor allem Kalkstein chemisch verwittern.

WIE SCHNELL WIRD DAS LAND ABGETRAGEN?

Im Verlauf von 1000 Jahren werden im Schnitt mehr als drei Zentimeter Gestein abgetragen. In Jahrmillionen kann ein Gebirge so zur Ebene werden.

WAS IST GRUNDWASSER?

Grundwasser fließt unter der Erdoberfläche langsam durch Hohlräume in den Gesteinen. Den oberen Wasserstand nennt man Grundwasserspiegel. Brunnen werden bis ins Grundwasser hinein gegraben.

WIE LÄSST WASSER GESTEINE VERWITTERN?

Wasser löst Salze im Gestein auf. Es reagiert auch mit Mineralien in harten Granitgesteinen und wandelt sie in Kaolinit um, ein weiches Tonmineral.

KANN SONNE VERWITTERUNG HERVORRUFEN?

Ja, in trockenen Gegenden erhitzt die Sonne tagsüber die Gesteine, und nachts kühlen sie wieder ab. Die Gesteinsoberfläche bröckelt dabei ab.

RÄTSELFRAGE

WAS SIND QUELLEN?

An einer Quelle tritt Grundwasser aus. Quellen speisen viele Flüsse. In vulkanischen Gebieten entspringen oft heiße Quellen – dort erhitzt Magma das Grundwasser.

WIE VERWITTERT KALKSTEIN?

Kalkstein verwittert chemisch. Er besteht vor allem aus Kalziumkarbonat, das mit Regenwasser reagiert. Im Lauf der Zeit löst das Wasser den Kalkstein auf.

KALKSTEINKLIFFE

Die außergewöhnlichen Kalksteinkliffe bei Guilin in China bestehen aus verwittertem Kalkstein.

Weitere Verwitterungen

Ist ein Gestein aufgebrochen, können die Bruchstücke zu Erdboden zerfallen, in dem Pflanzen ihre Wurzeln schlagen. So sind einige der schönsten Naturlandschaften entstanden.

WIE TRAGEN LEBEWESEN ZUR VERWITTERUNG BEI?

Wenn Tiere ihren Bau in Gesteinen angelegt haben, verwittern diese schneller. Auch Bakterien können eine Verwitterung beschleunigen.

WAS SIND STALAKTITEN UND STALAGMITEN?

In Kalksteinhöhlen tropft Wasser, in dem Kalziumkarbonat gelöst ist, von der Decke. Nach und nach wird dort das Kalziumkarbonat als Kalk abgelagert und bildet Stalaktiten, die wie Eiszapfen herabhängen. Stalagmiten sind Säulen aus Kalk, der sich aus dem Tropfwasser am Boden ablagert. Sie wachsen in die Höhe.

STALAGMITEN

Stalagmiten wachsen vom Boden nach oben, während Stalaktiten (oben) von der Decke nach unten wachsen.

WARUM KÖNNEN BEI FROST GESTEINE ZERSPRINGEN?

Im Gebirge hört man nachts manchmal Geräusche, die wie Schüsse klingen. Sie entstehen, wenn bei Frost Gesteine zerspringen (ein Beispiel für physikalische Verwitterung). Wasser gefriert in Gesteinsspalten, und das Eis hat fast ein Zehntel mehr Volumen. Der entstehende Druck kann den Stein sprengen.

WIE BILDEN SICH KALKSTEINHÖHLEN?

Regenwasser löst den Kalkstein langsam auf, sodass Spalten und Löcher entstehen. Im Lauf der Zeit kann sich so eine Höhle bilden.

KÖNNEN PFLANZEN ZUR VERWITTERUNG BEITRAGEN?

Manchmal fallen Samen eines Baums in eine Gesteinsspalte und keimen. Wenn die Wurzeln wachsen, üben sie Druck auf den Stein aus, bis dieser aufbricht.

WAS IST EIN HÖHLENFORSCHER?

Höhlenforscher klettern durch Schächte oder Spalten in der Erde hinab, um Höhlen zu erkunden. Große Höhlensysteme entstehen, wenn die Decken kleiner Höhlen einstürzen.

BAUMWURZELN

Baumwurzeln, die in Gesteinsspalten eindringen, können den Stein sprengen.

Das Werk der Flüsse

Flüsse tragen das Land ab. Gesteinsbrocken schürfen das Flussbett aus, aus dem schließlich ein Tal entsteht. Durch die Reibung brechen zugleich die Steine in immer kleineres Geröll auf.

WO ENTSPRINGEN FLÜSSE?

Manche Flüsse entspringen einer Quelle – dort, wo Grundwasser an der Erdoberfläche austritt. Andere entspringen an einem schmelzenden Gletscher oder sind der Abfluss eines Sees. Zuflüsse münden in einen großen Fluss oder Strom. Zu den vielen Zuflüssen des Amazonas gehören zum Beispiel der Rio Negro, der Santiago und der Javari. Die Zuflüsse lassen den Hauptfluss anschwellen und die Menge des von ihm fortgeschwemmten Materials ansteigen.

WAS IST EIN ALTARM?

Manchmal ändern Flüsse ihre Richtung. Wird dabei eine Biegung abgetrennt, nennt man diese Altarm.

CANYON

Schnell fließende Flüsse können tiefe Schluchten ausschleifen.

NILDELTA

An seiner Mündung ins Meer fließt der Nil langsam über eine weite Ebene.

WAS IST EIN FLUSSDELTA?

Wenn sich Sedimente wie Sand und Schlamm dort ablagern, wo ein Fluss ins Meer mündet, nennt man dies ein Delta. Bei vielen Flüssen werden die Sedimente ins Meer gespült.

WAS IST EIN CANYON?

Ein schnell fließender Fluss, der große Steine mit sich führt, schleift das Flussbett langsam aus. Im Lauf der Zeit kann so eine tiefe Schlucht entstehen, die man Canyon nennt.

WARUM GIBT ES WASSERFÄLLE?

Ein Wasserfall entsteht, wenn ein Fluss über eine Schwelle aus hartem Gestein fließt. Während die weicheren Gesteine flussabwärts nach und nach abgetragen werden, bildet das harte Gestein eine Kante, über die das Wasser nach unten stürzt.

IGUAZÚ

Zwischen Brasilien und Argentinien sind die Wasserfälle über 80 Meter hoch.

Das Werk der Meere

Wellen branden stetig an die Strände. Große Wellen schleudern Sand und Steine gegen die Kliffe. Diese werden am Sockel ausgehöhlt, bis die Überhänge einbrechen. Wellen bewegen auch den Sand und Kies an den Stränden.

TRÄGT DAS MEER DAS FESTLAND AB?

Ja, die Wellen tragen weiche Gesteine ab, sodass Buchten entstehen. Die Küste im Nordosten Englands wurde in den letzten 2000 Jahren fast zwei Kilometer abgetragen.

WAS SIND NEHRUNGEN?

Wellen und Strömungen transportieren Sand und Steine entlang der Küsten. An bestimmten Stellen häufen sich Sand und Geröll an und bilden eine schmale Nehrung.

WAS IST EINE LAGUNE?

Verbinden Nehrungen zwei Landzungen miteinander, so wird eine Bucht vom Meer abgetrennt – die Lagune. Ihr Wasser, Brackwasser genannt, hat häufig einen niedrigeren Salzgehalt als das Meer rundherum.

STRANDBUHNEN

Buhnen baut man an vielen Küstenorten. Sie sollen verhindern, dass die Meeresströmungen weiteren Sandboden fortspülen.

FELSENTORE

Wellen höhlen Felsentore (oben) in Landzungen aus.

WAS IST EIN FELSENTOR?

So nennt man Löcher, die sich in Landzungen gebildet haben. Wenn Wellen in die Öffnung branden, spritzt das Wasser manchmal spektakulär hoch in die Luft.

RÄTSELFRAGE

WAS SIND FELSENTORE?

Die Wellen greifen eine Landzunge von beiden Seiten an, sodass sich Höhlen bilden. Bricht schließlich die Wand zwischen zwei gegenüberliegenden Höhlen durch, entsteht ein Felsentor.

WIE KÖNNEN MENSCHEN DIE EROSION AUFHALTEN?

An vielen Stränden baut man im rechten Winkel zum Strand Buhnen. So wird der Sand nicht so schnell von Wellen und Strömungen fortgespült.

Das Werk des Eises

Ein Gletscher ist ein langsam fließender Strom aus Eis. Gletscher bilden sich in kalten Gebirgsregionen, wenn der Schnee sich zu Eis verfestigt. Steine, die im Gletscher eingeschlossen sind, schleifen die Täler aus.

WAS IST EIN GLETSCHERSEE?

Ein Gletscher hinterlässt auf seinem Weg in Bodenmulden häufig große Eismassen. Diese schmelzen schließlich, und ein See entsteht.

WAS IST EINE MORÄNE?

So nennt man das Gesteinsmaterial, das die Gletscher transportieren.

MORÄNENRÄNDER

In diesem Gletscher in der Schweiz bilden Moränen dunkle Streifen.

WAS IST DER GRÖSSTE GLETSCHER?

Der Lambertgletscher in der Antarktis ist mit 480 Kilometern Länge der größte Gletscher der Erde.

GLETSCHERSEEN

Auf dem Weg des Gletschers bleiben in Mulden Eismassen zurück. Schmelzen sie, so bilden sich Gletscherseen.

WORAN ERKENNT MAN, DASS EIN GEBIET FRÜHER MIT EIS BEDECKT WAR?

In Gebirgen schleifen Gletscher u-förmige Täler aus. Eine steilwandige Hohlform, die sich am Beginn eines Gletschers bildet, nennt man Kar. Zwischen den Karen bleiben Felsgrate stehen. Wo sich drei oder mehr Kare Rücken an Rücken bilden, bleibt eine Spitze dazwischen stehen, die man als Horn bezeichnet.

GLETSCHERTAL

Gletschertäler sind u-förmig mit steilen Flanken und ebenem Grund.

WAS SIND FINDLINGE?

Findlinge sind Gesteinsbrocken, die einem anderen Gestein aufliegen. Sie wurden mit einem Gletscher verfrachtet.

SCHMELZEN DIE GLETSCHER DURCH DEN KLIMAWANDEL?

Ja, wegen der steigenden Temperaturen schrumpfen und verschwinden die Gletscher überall auf der Erde. Manche ziehen sich jährlich über 15 Meter zurück.

KAR

Ein Kar ist eine Eintiefung, die am Beginn des Gletschers ausgeschliffen wurde.

Eiszeiten

Während einer Eiszeit fallen die Temperaturen. Eisschilde bedecken schließlich riesige Gebiete. Im Lauf der Erdgeschichte gab es immer wieder Eiszeiten, die das Gesicht der Erde veränderten.

WANN WAR DIE LETZTE EISZEIT?

Die letzte Eiszeit begann vor etwa 1,6 Millionen Jahren und endete vor 10 000 Jahren. Während mancher Zeitabschnitte war es warm, dann folgten wieder bitterkalte Perioden.

WAS SIND FJORDE?

Fjorde sind überflutete Täler, die als Meeresarme ins Land reichen. Einst waren sie Flusstäler, die die Gletscher während der letzten Eiszeit ausgeschliffen haben.

NORWEGISCHER FJORD

Fjorde entstanden durch Gletscher-erosion (siehe S. 122–123). Sie können über 1300 Meter tief sein.

WELCHER TEIL DER ERDE IST MIT EIS BEDECKT?

Etwa zehn Prozent der Landmassen sind mit Eis bedeckt. Während der letzten Eiszeit breitete sich das Eis über weite Teile Europas und Nordamerikas aus. Es reichte bis zu den heutigen Städten New York und London.

BEN BULBEN

Diesen Tafelberg in Irland schufen Gletscher während der letzten Eiszeit.

FORMT DAS EIS DIE LANDSCHAFT NOCH HEUTE?

Ja! In Nordamerika und Nordeuropa gibt es Gletschertäler, Fjorde und Findlinge.

WO BEFINDET SICH HEUTE DAS MEISTE EIS?

Das meiste Eis bildet den Antarktischen und den Grönländischen Eisschild. Die Eisschilde der Arktis sind kleiner; daneben gibt es in Gebirgen auf der ganzen Erde Gletscher.

EISSCHILD

Wir leben in einer Zwischeneiszeit, aber noch immer bedeckt Eis die Polargebiete.

Die Veränderung der Wüsten

In Wüsten formt der Sand die Landschaft. Er wirkt ähnlich wie ein Sandstrahlgebläse, mit dem man in der Stadt schmutzige Fassaden reinigt. Steine werden abgeschliffen und Höhlen in Kliffe gegraben.

RÄTSELFRAGE

WAS IST EIN SANDSTURM?

Bei einem Sandsturm in der Wüste wird feiner Sand hoch in die Luft gewirbelt. Oft bringen Winde aus der nordafrikanischen Sahara rötlichen Staub nach Südeuropa.

WIE VERÄNDERT WASSER DIE WÜSTE?

Vor Jahrtausenden fiel in manchen der heutigen Wüsten reichlich Regen, und Flüsse formten die Landschaft. Manchmal kommt es in Wüsten zu Sturzfluten, die Sand und Geröll fortspülen.

WAS IST EIN PILZFELSEN?

In der Wüste bewegt der Wind die Sandkörner. Sie werden hochgewirbelt oder fortgerollt. Da sie schwer sind, steigen sie selten höher als zwei Meter auf. Felsen, die an der Basis ausgehöhlt wurden, sind pilzförmig.

SICHELDÜNE

Wenn der Wind immer aus einer Richtung weht, bilden sich in Sandwüsten hohe Sicheldünen.

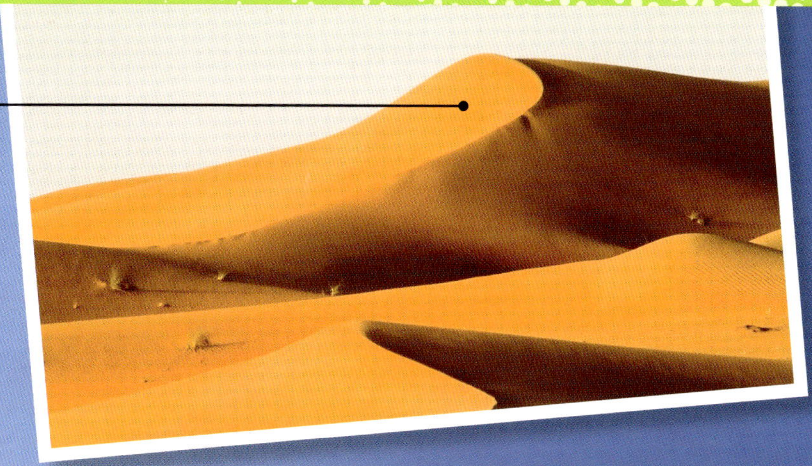

WIE ENTSTEHEN SANDDÜNEN?

Der Wind häuft den Sand in der Wüste zu Dünen an. Dort, wo sich die Windrichtung häufig ändert, haben die Dünen keine bestimmte Form. Weht der Wind vor allem aus einer Richtung, entstehen halbmondförmige Dünen, die man Sicheldünen nennt. Sie bilden sich einzeln oder zu mehreren.

WAS IST EIN WADI?

Wadis sind ausgetrocknete Flussläufe in der Wüste. Reisende suchen dort nachts oft Schutz. Das kann gefährlich sein, denn bei starkem Regen können sie sich blitzschnell mit Wasser füllen.

PILZFELSEN

In der Libyschen Wüste in Ägypten gibt es beeindruckende Pilzfelsen.

Die Veränderung der Pole

Der Nordpol liegt im Arktischen Ozean, der während der meisten Zeit des Jahres mit Eis bedeckt ist. Der Südpol befindet sich auf dem Kontinent Antarktika, den der größte Eisschild der Erde bedeckt.

EISBERG

Pinguine versammeln sich auf einem Eisberg vor der antarktischen Küste.

SCHMILZT DAS EIS DER POLE?

Ja, denn wegen des Klimawandels steigen weltweit die Temperaturen. Die Eisschilde der Polargebiete und das Meereis schmelzen. 2040 könnte der Arktische Ozean im Sommer eisfrei sein, während das Schelfeis der nördlichen Antarktis abbröckelt.

SIND EISBERGE GEFÄHRLICH?

Eisberge sind riesige Eisbrocken, die von einem Gletscher abgebrochen sind. Neun Zehntel befinden sich unter Wasser, deshalb sind Eisberge für Schiffe eine Gefahr: Viele Schiffe sanken, nachdem sie einen Eisberg gerammt hatten.

SCHELFEIS

In den letzten 30 Jahren sind über 17 000 Quadratkilometer vom antarktischen Schelfeises abgebrochen.

WAS IST SCHELFEIS?

Diese riesigen Eisblöcke sind mit dem antarktischen Eisschild verbunden, ragen aber ins Meer. Wenn Stücke abbrechen, bilden sie tafelförmige Eisberge. Manche sind riesig, einer war so groß wie das Land Belgien.

RÄTSELFRAGE

WIE SIEHT ES AM NORDPOL AUS?

Dort ist es bitterkalt. Nordamerika, Asien und Europa umgeben den mit Eis bedeckten Arktischen Ozean. Im Frühjahr ist das Meereis in der Mitte des Ozeans etwa drei Meter dick. Im Ozean liegen mehrere Inseln, darunter Grönland.

WIE DICK IST DAS EIS DER ANTARKTIS?

98 Prozent der Antarktis sind mit Eis und Schnee bedeckt, nur einige Küsten und Gipfel sind eisfrei. Der Antarktische Eisschild ist der größte der Erde. An manchen Stellen ist das Eis fast zwei Kilometer dick. In der Wostok-Station maß man 1983 die tiefste Temperatur, die je auf der Erde gemessen wurde: minus 89,2 °C!

WIRD DER EISSCHILD DER ANTARKTIS DÜNNER?

Ja. In der westlichen Antarktis schmilzt wegen der steigenden Temperaturen etwa ein Meter Eis pro Jahr ab.

Veränderung durch den Menschen

Seit die Menschen Bäume fällen und Land roden, um Nutzpflanzen anzubauen, hat sich die Erde sehr verändert. Einige dieser Veränderungen schädigen unsere Umwelt und gefährden unsere Gesundheit – und unsere Zukunft.

ABHOLZUNG

Jährlich werden etwa 128000 Quadratkilometer Land gerodet.

WAS IST LUFTVERSCHMUTZUNG?

Fabriken und Privathaushalte geben Gase wie Kohlendioxid in die Atmosphäre ab. Auch Fahrzeuge verschmutzen die Luft. Saurer Regen fällt, und die Erde erwärmt sich.

WAS PASSIERT MIT DEN WÄLDERN DER ERDE?

Oft werden Bäume gerodet und keine neuen gepflanzt. Die tropischen Regenwälder sind besonders von solchen Abholzungen betroffen. Doch in diesen Wäldern leben über die Hälfte der Tier- und Pflanzenarten der Erde, und so sind viele vom Aussterben bedroht.

WAS IST DESERTIFIKATION?

Wenn Menschen in der Nähe einer Wüste Bäume roden oder Grasland zu stark beweiden, kann sich das fruchtbare Land in Wüste verwandeln. Man nennt diesen Prozess Desertifikation. Auch der Klimawandel kann dazu führen. In der Sahara geschah dies vor 7000 Jahren.

DIE MALEDIVEN

Die Malediven sind durch den Anstieg des Meeresspiegels bedroht.

WAS BEDEUTET GLOBALE ERWÄRMUNG?

So nennt man den weltweiten Anstieg der Temperaturen. Auch der Mensch trägt dazu bei, etwa durch die Rodung von Wäldern und das Verbrennen fossiler Brennstoffe wie Kohle. Hierbei werden Treibhausgase wie Kohlendioxid freigesetzt, und die Atmosphäre erwärmt sich. Wahrscheinlich wird sich das Muster der Niederschläge deshalb verändern, sodass es mancherorts zu Überschwemmungen und anderswo zu Dürrekatastrophen kommt.

SIND INSELSTAATEN VOM KLIMAWANDEL BETROFFEN?

Ja, denn besonders Koralleninseln sind sehr flach. Wenn wegen des Klimawandels das Eis in den Polargebieten schmilzt, steigt der Meeresspiegel an. Einige Inselstaaten wie die Malediven und Kiribati könnten untergehen.

SMOG

Bei Smog erhöht sich die Zahl der Asthmaleiden und Allergien. Für Menschen mit Herz- und Lungenproblemen ist Smog gefährlich.

Der Einfluss des Menschen

Die Ökosysteme der Erde sind in einem empfindlichen Gleichgewicht. Industrie, Landwirtschaft und das Wachstum der Städte können dieses Gleichgewicht zerstören. Aber nicht alle von uns verursachten Veränderungen sind negativ.

WAS SCHADET DEN FISCHEN IM MEER?

In Korallenriffen und Mangrovensümpfen wachsen Jungfische vieler Arten heran. Werden solche Lebensräume zerstört, werden die Fische in den Meeren weniger.

SCHADET DIE VERSCHMUTZUNG DER FLÜSSE AUCH UNS?

Ja, denn wenn Fabriken giftige Abwässer in Flüsse leiten, nehmen die Lebewesen im Wasser – etwa Muscheln – die Gifte auf. Auch Menschen, die diese Tiere essen, werden vergiftet.

FLUSSVERSCHMUTZUNG

Verschmutztes Wasser ruft gefährliche Krankheiten hervor. Abwässer, Müll und Chemikalien verschmutzen das Wasser.

GEDEIHEN IN DER WÜSTE NUTZPFLANZEN?

In den USA und anderen Ländern hat man durch Bewässerung Wüste in Farmland verwandelt. Man pumpt Grundwasser an die Oberfläche oder leitet das Wasser von weit her.

BEWÄSSERUNG

Die kreisrunden Felder in der Wüste im Südwesten der USA werden künstlich bewässert.

WAS IST BODENEROSION?

Natürliche Bodenerosion durch Wasser, Wind und andere Naturkräfte ist ein allmählicher Prozess. Der Boden wird aber auch abgetragen, wenn Menschen Bäume fällen und das Land bebauen. Diese Erosion schreitet viel schneller voran als natürliche Erosion.

WAS IST EIN DAMM?

Eine von Menschen errichtete Barriere, die Wasser zurückhält. Oft baut man einen Damm, um einen Fluss für ein Kraftwerk oder zur Bewässerung von Feldern anzustauen. Dabei werden manchmal große Gebiete überflutet.

WIE MACHT MAN MEER ZU LAND?

Mancherorts machen Menschen aus Küstengebieten fruchtbares Agrarland. In den flachen Niederlanden sind bei Flut etwa zwei Fünftel des Landes überschwemmt. Deshalb hat man mit Deichen Gebiete trockengelegt, die früher überflutet waren. Regenwasser schwemmt das Salz aus dem Boden, und das Land wird schließlich fruchtbar.

Wunder der Natur

Auf jedem Kontinent gibt es atemberaubende Landschaften. Viele sind durch Verwitterung, Erosion und das Werk von Flüssen, Meeren und Eis entstanden.

WIE SCHÜTZT MAN WERTVOLLE GEBIETE?

1872 wurde in Yellowstone in Wyoming, USA, der erste Nationalpark gegründet. Dies war ein wichtiger Schritt, um besonders erhaltenswerte Gebiete zu schützen. Seither hat man überall auf der Erde Nationalparks eingerichtet.

GRAND CANYON

Der Grand Canyon in Arizona gilt als eines der größten Naturwunder der Erde.

WELCHER IST DER GRÖSSTE CANYON DER ERDE?

Zu den beeindruckendsten Naturlandschaften gehört der Grand Canyon. Er ist der größte Canyon der Welt und 440 Kilometer lang und etwa 1,6 Kilometer tief. Der Colorado hat ihn während der letzten sechs Millionen Jahre ausgeschliffen.

AYERS ROCK

Der Ayers Rock in Australien ist ein Inselberg – ein Felsen, der als Rest eines Berges nach dessen Erosion stehen blieb.

WAS IST DER ULURU?

Das Wort aus der Sprache der australischen Aborigines bedeutet „großer Kieselstein". Der weltweit größte Monolith, auch Ayers Rock genannt, liegt im Zentrum Australiens.

BEFINDET SICH UNTER DER ANTARKTIS EIN SEE?

Ja, Wissenschaftler haben unter dem Eis der Antarktis einen See entdeckt, der so groß ist wie der Ontariosee in Nordamerika. In ihm könnten Mikroorganismen vorkommen, die vor Jahrmillionen auf der Erde lebten.

RÄTSELFRAGE

WO LIEGT DAS MATTERHORN?

Das Matterhorn ist ein beeindruckender Berg an der italienisch-schweizerischen Grenze. Gletscher haben den Berg von zwei Seiten abgeschliffen.

MATTERHORN

Das Matterhorn ragt 4478 Meter über dem Meeresspiegel auf.

Beeindruckende Landschaften

Von vielen Stränden wird behauptet, sie seien die längsten – und von vielen Stalagmiten, sie seien die höchsten. Sicher ist eines: Wir müssen die Wunder der Natur für zukünftige Generationen bewahren.

BERG FUJI

Bis zum 18. Jahrhundert war es Frauen verboten, diesen Berg zu besteigen.

WO BEFINDET SICH DER HÖCHSTE STALAGMIT DER ERDE?

Von vielen Stalagmiten wird behauptet, sie seien die höchsten. Möglicherweise ist ein 66 Meter hoher Stalagmit in der Höhle von San Martin Infierno auf Kuba der höchste.

WELCHER IST DER LÄNGSTE STRAND?

Der Cox's Bazar in Bangladesch ist mit 124 Kilometern der längste Sandstrand. Er wird von Fischern wie auch von Badenden genutzt.

WAS SIND DIE NEEDLES?

So nennt man eine Reihe von Kreidefelsen, die vor der Isle of Wight in Südengland stehen.

WELCHES JAPANISCHE NATURWUNDER IST DAS ZIEL VON PILGERN?

Der Berg Fuji, ein wunderschöner Vulkankegel. Für viele Menschen ist er ein heiliger Berg, ein Wohnort der Götter. Sie pilgern bis auf den Gipfel.

RÄTSELFRAGE

WO GIBT ES RAUCH, DER DONNERT?

Mosi-oa-Tunya – so nennen Einheimische die Victoriafälle des Sambesi zwischen Sambia und Simbabwe. Das bedeutet „Rauch, der donnert". Die Fälle sind an den höchsten Stellen über 100 Meter hoch.

WAS IST DAS GREAT BARRIER REEF?

Die größte Ansammlung von Korallenriffen und Inseln der Erde. Das Große Barriereriff befindet sich vor der Nordostküste Australiens und ist etwa 2000 Kilometer lang.

GREAT BARRIER REEF

Milliarden winziger Korallenpolypen schufen die Riffe. Die Artenvielfalt im Großen Barrierriff ist beeindruckend.

Pflanzen

In der Sonne wachsen

Etwa 300 000 Pflanzenarten hat man einen wissenschaftlichen Namen gegeben; man vermutet, dass es noch viel mehr Arten auf der Erde gibt, darunter Bäume, Sträucher, Kräuter, Farne und Moose. Sie erzeugen mithilfe des Sonnenlichts Nähr- und Aufbaustoffe.

WIE ERNÄHREN SICH GRÜNE PFLANZEN?

Grüne Pflanzen stellen ihre Nähr- und Aufbaustoffe her. Dabei spielt neben Sonnenenergie das Chlorophyll, der grüne Farbstoff in den Blättern, eine wichtige Rolle. Wasser und Kohlendioxid werden in Zucker und Sauerstoff umgewandelt.

WARUM SIND DIE MEISTEN PFLANZEN GRÜN?

Weil sich in Blättern und Stängeln das grüne Pigment Chlorophyll befindet. Manchmal ist es von anderen, zum Beispiel von roten Pigmenten, überdeckt. Deshalb sind nicht alle Pflanzen, die Chlorophyll enthalten, grün.

WARUM ENTFALTEN SICH BLÜTEN SO SCHNELL?

Oft dauert es nur ein paar Stunden, bis sich eine Blüte öffnet. Das ist möglich, weil sich die Blüte bereits in der Knospe gebildet hat. Wenn diese sich öffnet, nehmen die Zellen Wasser auf und werden größer.

BLÜTEN

Knospen öffnen sich, wenn es im Frühjahr warm und sonnig ist.

WIE VIEL ZUCKER WIRD JEDES JAHR BEI DER FOTOSYNTHESE GEBILDET?

Pflanzen wandeln Zucker, den sie bei der Fotosynthese bilden, in andere Stoffe um, die sie brauchen, um zu wachsen. Zucker liefert ihnen auch Energie. Wissenschaftler schätzen, dass alle Grünpflanzen der Erde zusammen jedes Jahr über 190 Milliarden Tonnen Zucker produzieren.

WAS BRAUCHEN SAMEN, UM ZU KEIMEN?

Ein Samen braucht Feuchtigkeit, Wärme und Sauerstoff, um keimen zu können. Manche Samen keimen nur, wenn sie der Kälte im Winter ausgesetzt waren. Die Samen anderer Pflanzen ruhen jahrelang, bevor sie keimen.

WARUM WACHSEN TRIEBE NACH OBEN?

Die meisten Triebe wachsen dem Sonnenlicht entgegen. Die Triebspitze nimmt die Richtung des Lichteinfalls wahr. Chemische Reaktionen bewirken, dass sich die Seite im Dunkeln stärker streckt.

SICH AUFRICHTEN

Wie die meisten Pflanzen findet der Bohnenkeimling im Boden seinen Halt und Wasser.

Nährstoffe

Pflanzen brauchen Wasser, Mineralstoffe sowie Nähr- und Aufbaustoffe, um zu wachsen. Grüne Pflanzen stellen die Nähr- und Aufbaustoffe selbst her, andere nehmen sie zum Beispiel von verrottenden Pflanzen auf.

WOVON LEBT EINE PARASITISCHE PFLANZE?

Parasitische Pflanzen stellen ihre Nähr- und Aufbaustoffe nicht selbst her, und viele sind nicht grün. Sie zapfen das Gewebe einer anderen grünen Pflanze an, ihrem Wirt, und nehmen die Stoffe auf, die sie brauchen.

WURZELN

Wurzeln verankern die Pflanze im Erdboden und nehmen Wasser auf.

WIE FÄNGT DIE VENUSFLIEGENFALLE IHRE BEUTE?

Die Venusfliegenfalle ist eine fleischfressende Pflanze, die Insekten und andere kleine Tiere fängt. Die Falle besteht aus einem einzigartig gebauten Blatt mit kräftigen Borsten am Rand, das sich zusammenfalten kann. Wenn ein Insekt eine der Sinnesborsten auf der Blattoberfläche berührt, schnappt die Falle zu, und das Tier ist gefangen.

RÄTSELFRAGE ?

IN WELCHE RICHTUNG WACHSEN WURZELN?

Wurzeln reagieren auf die Schwerkraft, indem sie Stoffe freisetzen, die bewirken, dass die kürzere Seite aufhört zu wachsen, sodass sich die Wurzelspitze stets nach unten ausrichtet.

SIND MISTELN PARASITEN?

Misteln sind Halbschmarotzer, die Nährstoffe von einer Wirtspflanze aufnehmen, zugleich aber auch selbst Fotosynthese betreiben. Sie wachsen auf den Ästen verschiedener Bäume und Sträucher.

BEUTE

Ein zappelndes Insekt ist in die Falle geraten.

VENUSFLIEGENFALLE

Die Falle kann in 1/10 Sekunde zuschnappen.

WIE NEHMEN PFLANZEN WASSER AUF?

Pflanzen nehmen mit ihrem Wurzelsystem Wasser auf. Jede Wurzel verzweigt sich immer feiner, und hinter den Wurzelspitzen entspringen Wurzelhaare. Durch ihre Zellwände gelangt das Wasser in die Wurzel.

WIE SCHNELL FLIESST DER SAFT DURCH EINEN BAUM?

Mit dem Saft werden Wasser und Nährstoffe durch die Pflanze transportiert. In einem Baum kann er pro Stunde fast einen Meter weit fließen.

Fortpflanzung

Um sich fortzupflanzen, müssen viele Pflanzen bestäubt werden: Pollen, in dem sich männliche Geschlechtszellen befinden, befruchtet eine weibliche Samenanlage. Pollen wird mit dem Wind, dem Wasser oder von Insekten oder Vögeln transportiert.

PRUNKWINDE

Die Blüten werden von Bienen, Kolibris, Tag- und Nachtfaltern bestäubt.

WAS PASSIERT, WENN EINE BLÜTE BESTÄUBT WURDE?

Ist der männliche Pollen bei der Bestäubung auf die weibliche Narbe einer anderen Blüte derselben Art gelangt, keimt er. Ein Pollenschlauch wächst in die Samenanlage der Blüte und befruchtet eine Eizelle. Aus jeder Eizelle kann sich ein Samen entwickeln.

WELCHE BLÜTEN BLÜHEN NUR EINEN TAG LANG?

Die Blüten von Prunkwinden und Taglilien – sie öffnen sich am Morgen und verblühen bereits am Abend.

KÖNNEN SICH PFLANZEN FORTPFLANZEN, OHNE SAMEN ZU BILDEN?

Manche Pflanzen, wie Moose und Farne, pflanzen sich nicht mit Samen fort. Stattdessen bilden sie Sporen, aus denen ohne Bestäubung neue Pflanzen heranwachsen. Andere Pflanzen bilden Ausläufer, und bei wieder anderen wachsen abgebrochene Teile zu neuen Pflanzen heran.

RÄTSELFRAGE

WIE WERDEN BLÜTEN BESTÄUBT?

Viele Blüten sind bunt und duften, um Insekten und andere Tiere anzulocken. Wenn das Tier auf der Blüte landet, haftet Pollen an ihm, den es dann zur nächsten Blüte transportiert.

VERBREITUNG

Samen müssen verbreitet werden, damit sie an geeigneten Orten keimen können. Vögel, die Beeren fressen, verbreiten mit ihrem Kot die in ihnen enthaltenen Samen.

BEFRUCHTUNG

Bienen, Wespen und Schmetterlinge tragen Pollen von Blüte zu Blüte.

WELCHE BLÜTEN WERDEN VON SÄUGETIEREN BESTÄUBT?

Die Blüten des afrikanischen Affenbrotbaums werden von Galagos und Fledermäusen bestäubt.

WIE WERDEN SAMEN VERBREITET?

Viele Samen werden von Tieren verbreitet. Wenn Vögel Beeren fressen, werden die Samen darin wieder ausgeschieden. Manche Früchte haben Häkchen, die sich im Tierfell verhaken und so transportiert werden. Viele Samen werden mit dem Wind verbreitet. Und Ahornfrüchte zum Beispiel haben Flügel.

Pflanzen und die Umwelt

Ohne Pflanzen könnten die meisten anderen Lebewesen unseres Planeten nicht überleben. Pflanzen produzieren Sauerstoff, den die Tiere atmen. Viele, darunter auch wir Menschen, ernähren sich außerdem von Pflanzen und nutzen sie auf vielfältige Weise.

RAUPE

Viele Schmetterlingsraupen ernähren sich von Blättern.

WAS IST DER STICKSTOFFKREISLAUF?

Bakterien im Boden wandeln Stickstoff aus der Luft in Stickstoffverbindungen um, die Pflanzen aufnehmen können. Pflanzen brauchen den Stickstoff, um bestimmte Stoffe herzustellen. Wenn Tiere Pflanzen fressen, gelangt der Stickstoff mit ihrem Kot zurück in den Boden. Auch wenn Tiere und Pflanzen sterben und sich zersetzen, wird der Stickstoff wieder frei.

WELCHE ROLLE SPIELEN PFLANZEN IM WASSERKREISLAUF?

Pflanzen geben bei der Transpiration Wasser in die Atmosphäre ab: Es verdunstet aus den Blättern. Durch die Wurzeln gelangt Wasser wiederum in die Pflanze und steigt durch Stamm oder Stängel bis in die Blätter auf.

RÄTSELFRAGE

WER LEBT IN UND AN EINEM BAUM?

Viele Käferarten und andere Insekten legen ihre Eier in der Rinde von Bäumen ab. Vögel bauen in Astgabeln oder Baumhöhlen ihre Nester. Auch Säugetiere leben auf Bäumen – wie Eichhörnchen, Affen, Faultiere, Flughunde und Koalas.

WIE SETZT MAN PFLANZEN IN KLÄRANLAGEN EIN?

Winzige Algen und andere Mikroorganismen reinigen das Wasser. Sie ernähren sich von den Stoffen, die das Wasser verschmutzen.

PFLANZENFRESSER

Raupen sind die Larven von Schmetterlingen. Fast alle ernähren sich von Pflanzenteilen.

WIE VERBESSERN WÄLDER DIE LUFT?

Wälder geben riesige Mengen Wasserdampf und lebenswichtigen Sauerstoff in die Atmosphäre ab. Sie nehmen Kohlendioxid auf, sodass sich die Atmosphäre nicht so stark mit diesem Treibhausgas anreichern kann.

Pflanzen und der Boden

Pflanzen nehmen Wasser und Mineralstoffe aus dem Boden auf und geben sie in einem unendlichen Kreislauf wieder ab. Dieser Kreislauf wird aber unterbrochen, wenn wir Wälder roden und andere Naturlandschaften zerstören.

WAS PASSIERT MIT BLÄTTERN, DIE VON BÄUMEN FALLEN?

Waldbäume werfen riesige Mengen von Blättern ab. Diese häufen sich aber nicht auf dem Waldboden an, denn sie werden von Pilzen, Bakterien und anderen Lebewesen zersetzt und so wieder Bestandteil des Bodens. Auch Würmer, Insekten und andere kleine Tiere fressen die Blätter.

WIE MACHEN PFLANZEN DEN BODEN FRUCHTBARER?

Wenn Pflanzen absterben, zersetzen sie sich und geben die Stoffe in ihren Geweben an den Boden ab. Die verrottenden Pflanzenteile bilden sogenannten Humus, der den Boden fruchtbarer macht.

FALLLAUB

Blätter bieten Tieren Nahrung und machen den Boden fruchtbar.

WAS IST ÜBERWEIDUNG?

Von Überweidung spricht man, wenn Nutztiere wie Kühe oder Schafe in einem Gebiet zu lange Zeit das Gras und andere Pflanzen abweiden. Die Pflanzendecke kann sich nicht erholen, und in trockenen Gebieten verwandelt sich das Land in Wüste.

WIE BESIEDELN PFLANZEN NEUEN BODEN?

Pflanzen, deren Samen schnell keimt und aufgrund seiner Leichtigkeit vom Wind verweht wird, können neuen Boden schnell besiedeln. Andere Pflanzen verbreiten sich mit Ausläufern, an denen neue Pflänzchen entspringen.

LÖWENZAHN

Die Samen des Löwenzahns fliegen mit dem Wind und keimen anderswo.

WIE KÖNNEN PFLANZEN EROSION VERHINDERN?

Erosion ensteht beim Abtransport lockeren Bodens durch Naturkräfte wie Wind und Wasser. Pflanzen verhindern das oft, denn ihre Wurzeln halten den Boden fest. An steilen Hängen oder Wüstenrändern ist dies besonders wichtig.

WIE LÄSST SICH EROSION VERHINDERN?

Auf Küstendünen pflanzt man Gräser, zum Beispiel Strandhafer. Die Wurzeln verankern den Sand, sodass er nicht weggeweht wird. Auch Boden, der mit Giften aus der Industrie verschmutzt wurde, kann durch Pflanzen verbessert werden. Sie machen das Land allmählich wieder fruchtbarer, sodass weitere Pflanzenarten erneut wachsen können.

Pflanzen als Nahrung

Etwa 12 000 Pflanzenarten dienen den Menschen als Nahrung; 150 davon baut man in größeren oder riesigen Mengen an. Wie die Tierzucht gehört der Anbau von Pflanzen zur Landwirtschaft, ohne die es keine menschliche Zivilisation gäbe.

WAS SIND WICHTIGE NAHRUNGSMITTEL?

Weizen, Reis und Mais bilden die Nahrungsgrundlage vieler Menschen. Auch Knollenpflanzen wie Kartoffeln werden in vielen Regionen der Erde angebaut. Diese Nahrungsmittel liefern uns Kohlenhydrate, während Hülsenfrüchte wie Erbsen, Bohnen und Linsen reich an Eiweiß sind.

PFIRSICHE

Pfirsiche gedeihen in warmem Klima, wie am Mittelmeer und im Süden der USA.

WELCHE FRÜCHTE BAUT MAN ALS NAHRUNGSMITTEL AN?

In gemäßigten Regionen zum Beispiel Äpfel, Birnen und Erdbeeren, in wärmeren Gegenden Zitrusfrüchte wie Orangen und Zitronen sowie andere Früchte, etwa Papayas, Ananas und Melonen. Manche Früchte schmecken herzhaft – so Avocados und Paprikas.

ZUCKERAHORN

Mit Ahornsirup süßt man in den USA Pfannkuchen.

WELCHE BÄUME LIEFERN SÜSSEN SIRUP?

Aus dem süßen Saft des Zuckerahorns wird Ahornsirup hergestellt. Den meisten Saft zapft man Bäumen in der kanadischen Provinz Quebec ab.

WAS IST DER VENEZUELANISCHE KUHBAUM?

Dieser Baum ist eine tropische Feigenart, deren milchähnlichen Saft man wie Kuhmilch trinken kann.

SONNENBLUMEN

Sonnenblumenöl verwendet man oft zum Braten. Es enthält Vitamin E.

AUS WELCHEN PFLANZEN PRESST MAN ÖL?

Die Samen zahlreicher Pflanzen sind reich an Ölen. Zum Beispiel aus Oliven, Sonnenblumenkernen, Mais, Sojabohnen, Erdnüssen, Raps- und Sesamsamen sowie aus den Früchten der Ölpalme lässt sich Öl gewinnen.

WELCHE PFLANZEN LIEFERN UNS ZUCKER?

Die Hauptquelle für Zucker ist das Zuckerrohr. Dieses hohe Gras wächst in tropischen Ländern. In gemäßigten Regionen, etwa in Mitteleuropa, baut man Zuckerrüben an. Sie speichern Zucker in ihren verdickten Wurzeln. In einigen tropischen Regionen gewinnt man Zucker aus dem Saft der Zuckerpalme.

Weitere Nahrungsmittel

Nicht nur Grundnahrungsmittel wie Getreide und Kartoffeln sind pflanzliche Nahrungsmittel. Auch Getränke wie Tee, Kaffee, Wein und Bier stellt man aus Pflanzen her. Pflanzliche Stoffe wie das Pektin aus Pflanzenzellen lässt Gelatine fest werden.

WAS SIND BROTFRÜCHTE?

Der Brotfruchtbaum stammt aus Südostasien. Er wird etwa 22 Meter hoch und trägt große, essbare Früchte, die man als Gemüse isst. Der verwandte Jackfruchtbaum aus Indien und Malaysia trägt ebenfalls essbare Früchte, die bis zu zehn Zentimeter lang werden.

WEIZENÄHRE

Weizen wird zu Mehl vermahlen – für Brot, Kuchen, Kekse und Nudeln.

WOHER STAMMT DER WEIZEN?

Weizen ist eine der ältesten Kulturpflanzen. Wahrscheinlich wurde er bereits vor über 6000 Jahren in Mesopotamien (heute Irak) angebaut. Viele Nutzpflanzen stammen aus dem Nahen Osten – zum Beispiel Gerste, Hafer und Roggen, Erbsen, Linsen, Zwiebeln, Oliven, Feigen, Äpfel und Birnen.

RÄTSELFRAGE

WORAUS BESTEHT SCHWARZER TEE?

Aus den Blättern des Teestrauches, der in Indien, Sri Lanka, Indonesien, Japan und China an Berghängen gedeiht. Man erntet die jungen Blätter, trocknet und zerkleinert sie – und brüht damit den Tee auf.

TEEPFLÜCKEN

Per Hand werden die Blätter des Teestrauches geerntet.

WIE STELLT MAN SCHOKOLADE HER?

Der Kakaobaum stammt aus den Tieflandregenwäldern am Amazonas und Orinoco. Seine Früchte entwickeln sich seitlich am Stamm. In jeder reifen etwa 20–60 Samen, die man Kakaobohnen nennt. Sie müssen fermentiert, geröstet und gemahlen werden. Aus dem Kakaopulver wird Schokolade hergestellt.

WAS IST KAFFEE?

Kaffee stellt man aus den Steinfrüchten des Kaffeestrauches her. Die reifen Beeren werden geerntet und getrocknet. Dann entfernt man das Fruchtfleisch von den Steinkernen – die bekannten Kaffeebohnen; sie werden oft geröstet.

WOHER STAMMEN DIE KARTOFFELN?

Die Kartoffelpflanze stammt aus Südamerika. Die Völker in den Anden nutzen von jeher die Knollen als Nahrungsmittel. Alle Kartoffelsorten, die wir heute kennen, stammen von diesen Wildpflanzen ab.

KAKAOSCHOTE

Kakao ist in Westafrika und in der Karibik eine wichtige Nutzpflanze.

Pflanzen als Medizin

CATHARANTHE

Extrakte dieser Pflanze – nämlich Vinblastin und Vincristin – werden heute in der Pharmaindustrie genutzt.

Seit mindestens 100 000 Jahren heilen Menschen mit Pflanzen Krankheiten. In vielen Teilen der Erde, vor allem in China und Indien, verabreicht man häufiger Heilpflanzen als andere Medikamente. Wissenschaftler untersuchen die Arzneistoffe, die in Pflanzen enthalten sind.

KANN MAN MIT PFLANZEN KREBS HEILEN?

Mehrere Pflanzen können das Wachstum von Krebstumoren verlangsamen oder stoppen. Eine davon die Rosafarbene Catharanthe. Mit einem Extrakt wird Leukämie (Blutkrebs) behandelt.

WELCHE PFLANZEN FÖRDERN DIE VERDAUUNG?

Viele Pflanzen, darunter Kräuter und Gewürze, fördern die Verdauung. In Europa nimmt man bei Verdauungsproblemen oft einen bitteren Enzianextrakt ein.

WAS IST GINSENG?

Ginseng ist die Wurzel einer mit dem Efeu verwandten Pflanze und gilt seit Jahrhunderten als Heilmittel, das bei vielen Leiden helfen soll – wie Erschöpfung und Depression, Nierenleiden, Herzproblemen und Kopfschmerzen.

MIT WELCHER PFLANZE BEHANDELT MAN MALARIA?

Chinin aus der Rinde des Chinarindenbaumes, der in den südamerikanischen Anden wächst, kann Malaria vorbeugen und heilen. Bevor man Chinin verabreichte, starben jedes Jahr rund zwei Millionen Menschen an der Krankheit.

GINSENG

Ginsengwurzeln nimmt man oft in getrockneter Form ein.

VON WELCHER PLANZE NAHM MAN AN, SIE HEILE ASTHMA?

Vom Lungenkraut. Die Blätter erinnerten die Menschen an eine Lunge. Deshalb behandelte man früher mit ihnen Lungenkrankheiten. Es ist aber unwahrscheinlich, dass das half.

LUNGENKRAUT

Das Lungenkraut heißt so, weil man glaubte, damit Lungenleiden heilen zu können.

KÖNNEN WEIDEN SCHMERZEN LINDERN?

Früher kaute man Weidenzweige gegen Schmerzen. Später konnte man einen Stoff, der dem Arzneistoff Aspirin ähnlich ist, aus den Zweigen von Weiden isolieren.

Materialien aus Pflanzen

Pflanzenmaterialien sind aus unserem Leben nicht wegzudenken. Sie halten uns warm und trocken, schützen uns, und sogar Musikinstrumente stellt man aus ihnen her.

RÄTSELFRAGE

WAS LÄSST SICH AUS BAMBUS HERSTELLEN?

Bambus ist eine der nützlichsten Pflanzen der Erde. Mit Bambusrohr baut man Gerüste und Häuser; auch Papier, Möbel, Matten, Hüte, Schirme, Körbe, Fächer und Bürsten kann man daraus machen, wenn man die Rohre spaltet. Junge Bambussprossen schmecken außerdem lecker.

WAS KANN MAN AUS PFLANZEN HERSTELLEN?

Aus Pflanzenteilen kann man alles Mögliche herstellen: Aus Holz etwa fertigen wir unzählige große und kleine Dinge, von Häusern bis hin zu Spielsachen. Zudem werden verschiedene Stoffe aus Pflanzenfasern hergestellt – auch das Papier, aus dem dieses Buch besteht!

WAS IST JOJOBAWACHS?

Der Jojobastrauch wächst in Mexiko. Die Samen enthalten ein flüssiges Wachs. Man verwendet es als Schmiermittel – in Farben, Cremes und Shampoos.

WORAUS BAUT MAN VIOLINEN?

Der Klangkörper einer Violine besteht meistens aus Fichten- und Ahornholz, das einen schönen Klang erzeugt.

COTTAGE

Traditionelle englische Cottages haben ein Fachwerk aus Holz und ein strohgedecktes Dach.

BAMBUS-CAFÉ

In diesem chinesischen Café stehen Bambusmöbel.

WAS IST BALSAHOLZ?

Balsaholz ist das leichteste Holz der Erde. Im Wasser schwimmt es hervorragend. Balsabäume wachsen in den Tropen Südamerikas. Aus dem Holz stellt man Modellflugzeuge, Flöße sowie Rettungswesten und Isolierungen her.

WAS IST RAFFIA?

So nennt man eine Naturfaser aus jungen Blättern der Raffiapalme, die im tropischen Afrika vorkommt. Man kann daraus Körbe und anderes Kunsthandwerk flechten.

RAFFIAFASERN

Aus gefärbten Raffiafasern stellt man Gegenstände her.

Weitere pflanzliche Produkte

Pflanzliche Produkte verarbeitet man auf unterschiedliche Weise, je nach ihren Eigenschaften. Die weichen Baumwollfasern eignen sich zur Herstellung von Kleidung. Aus Kautschuk stellt man etwa Gummibänder und -handschuhe her.

WAS SIND KAPOKFASERN?

Kapokfasern ähneln denen der Baumwolle. Sie stammen vom Kapokbaum. Er kann über 50 Meter hoch werden. Mit den weichen Samenhaaren stopft man Matratzen, Decken und Schlafsäcke.

WORAUS BESTEHEN FLASCHENKORKEN?

Kork ist die dicke, weiche Rinde der Korkeiche. Sie wird vom Stamm abgelöst. Es dauert zehn Jahre, bis sich neuer Kork gebildet hat, den man wieder ernten kann. Aus Kork stellt man zum Beispiel Flaschenkorken, Pinnwände und Bodenbeläge her.

KORKEICHE

Korkeichen wachsen im gesamten Mittelmeerraum. In Portugal und Spanien gibt es Korkeichenplantagen.

BAUMWOLLE

Baumwollplantagen gibt es in Amerika, Indien und Afrika.

WIE STELLT MAN AUS BAUMWOLLE STOFFE HER?

Baumwolle ist eine weiche Pflanzenfaser, die die Samen der Baumwollpflanze umgibt. Man entfernt die Samen und spinnt aus der Faser Fäden. Aus diesen webt man Stoffe.

WAS IST KAUTSCHUK?

Kautschuk wird aus dem Milchsaft (Latex) verschiedener Pflanzen hergestellt. Die Bäume werden angezapft, sodass der Saft in einen Behälter tropft.

AUS WELCHEM HOLZ STELLT MAN KRICKETSCHLÄGER HER?

Die besten Schläger stellt man in Indien aus dem Holz einer Weide her. Die Schlagfläche besteht aus diesem Holz, der Griff aus einem anderen Holz oder Rohr.

KRICKETSCHLÄGER

Das Weidenholz ist leicht, splittert aber nicht, wenn es den Ball trifft.

KANN MAN AUS PFLANZEN TREIBSTOFF GEWINNEN?

Ja, ein Baum, der im Amazonasregenwald wächst, enthält ein Öl, das dem Dieseltreibstoff ähnlich ist. Auch Öl aus Rapssamen und Sojabohnen wird zur Herstellung von Treibstoff genutzt; er wird vielleicht in Zukunft noch bedeutsamer werden, wenn die Erdölreserven verbraucht sind.

Rekordverdächtige Pflanzen

Die vielen Pflanzenarten konkurrieren um ihre Ressourcen. Sie haben verschiedene Überlebensstrategien entwickelt: Manche werden sehr hoch, andere haben gewaltige Wurzeln. Pflanzen haben sich an extreme Bedingungen angepasst und besiedelten die Wüsten und Gebirge.

WELCHE PFLANZE HAT DEN GRÖSSTEN SAMEN?

Die Seychellenpalme: Ein Samen, Seychellennuss genannt, wiegt bis zu 24 Kilogramm. Die Samen bilden sich in einer großen Frucht. Es dauert sechs Jahre, bis diese reif ist.

WELCHE IST DIE KLEINSTE BLÜTENPFLANZE?

Kleine tropische Wasserlinsen sind die kleinsten Blütenpflanzen. Manche Arten haben nur einen halben Millimeter Durchmesser, wenn sie ausgewachsen sind.

WASSERLINSEN

Diese Blütenpflanzen bestehen aus einem Schwimmblättchen, das auf der Wasseroberfläche treibt.

BANYANFEIGE

Eine einzige Banyanfeige kann wie ein ganzer Wald aussehen.

WELCHE PFLANZE WIRD AM ÄLTESTEN?

Wahrscheinlich der Kreosotbusch, der im Südwesten der USA und in Mexiko vorkommt. Das Alter einiger Sträucher schätzt man auf 11 700 Jahre. Die Langlebige Kiefer – sie wächst im Südwesten der USA, vor allem in den Weißen Bergen in Kalifornien – wird ebenfalls sehr alt. Das älteste Exemplar ist ungefähr 4900 Jahre alt.

WELCHE PFLANZE KANN DAS GRÖSSTE GEBIET BESIEDELN?

Die Banyanfeige, die in Indien und Pakistan vorkommt: Zu Beginn ihres Lebens ist sie eine Aufsitzerpflanze, die auf einer anderen Pflanze wächst. Sie sendet Wurzeln nach unten, die aussehen wie Baumstämme. Schließlich kann eine Pflanze aussehen wie ein ganzes Wäldchen.

ALTE KIEFER

Obwohl die ursprünglichen Äste absterben, können Langlebige Kiefern 5000 Jahre alt werden.

WELCHE PFLANZE HAT DIE LÄNGSTEN BLÄTTER?

Die Raffiapalme aus dem tropischen Afrika. Der Blattstiel kann über vier Meter lang und die Spreite über 20 Meter lang werden.

WIE TIEF KÖNNEN WURZELN HINABREICHEN?

Von einer afrikanischen Feigenart weiß man, dass ihre Wurzeln in trockenem Boden bis in 133 Meter Tiefe reichen.

Weitere Rekorde

Hohe Nadelbäume überragen alle andere Pflanzen im Wald, und enorme Blüten öffnen sich am Waldboden. In den Ozeanen werden Tange riesig, und manche Seerosen bringen gigantische Blätter hervor.

RÄTSELFRAGE

WELCHE IST DIE GRÖSSTE BLÜTE?

Die Blüte einer Rafflesie, die in Südostasien vorkommt. Diese Pflanze ist ein Parasit an Lianen. Die Blüten können fast 90 Zentimeter Durchmesser erlangen – und sie stinken, denn sie ahmen den Geruch von verwesendem Fleisch nach. So werden Fliegen angelockt, die die Blüte bestäuben.

WELCHE PFLANZE WÄCHST AM LANGSAMSTEN?

Rekordhalter ist wahrscheinlich ein Palmfarn. Man findet ihn in Mexiko, und von einem Exemplar weiß man, dass es im Jahr nur 0,7 Millimeter wuchs.

WELCHE PFLANZE WÄCHST AM SCHNELLSTEN?

Der Riesenbambus in Myanmar wächst bis zu 30 Zentimeter am Tag und ist somit eine der schnellwüchsigsten Pflanzen. Eine andere Bambusart aus Indien wächst in Treibhäusern am schnellsten: über 80 Zentimeter pro Tag.

WELCHE TANGE WERDEN AM LÄNGSTEN?

Riesentange, die die Kelpwälder im Meer vor der kalifornischen Küste bilden. Diese Algen können fast 70 Meter lang werden.

RIESENTANG

Kelpwälder sind Ökosysteme, in denen viele Tiere leben – etwa Fische, Seesterne und Seeigel.

WELCHER BAUM WÄCHST AM HÖCHSTEN?

Ein Küsten-Mammutbaum an der nordamerikanischen Pazifikküste ist 115,50 Meter hoch. Einige australische Eukalyptusbäume können 100 Meter hoch werden.

WELCHE PFLANZE HAT DIE GRÖSSTEN SCHWIMMBLÄTTER?

Die Victoria-Seerose aus dem Amazonasgebiet hat riesige Blätter. Sie haben bis zu drei Meter Durchmesser und können das Gewicht eines kleinen Kindes tragen.

VICTORIA-SEEROSE

Diese Seerosen, die in Seen und Sümpfen wachsen, haben über sieben Meter lange Blattstiele.

Tiere an Land

Nagetiere

Nagetiere sind Säugetiere. Diese Wirbeltiere haben ein Fell und säugen ihre Jungen mit Milch. Typisch für Nagetiere – zum Beispiel Eichhörnchen, Hamster, Biber, Ratten und Mäuse – ist, dass ihre Schneidezähne ständig nachwachsen.

WOZU DIENEN DIE ZÄHNE DER NAGETIERE?

Die Tiere nagen mit ihren Schneidezähnen zähe Pflanzennahrung. Im Ober- und Unterkiefer sitzen je zwei Nagezähne. Beim Nagen nutzen sich die Zähne ab, deshalb wachsen sie nach, solange das Tier lebt.

NUTRIA

Der Nutria, der in Feuchtgebieten lebt, hat große orangefarbene Nagezähne.

RÄTSELFRAGE

WARUM BAUEN BIBER DÄMME?

Biber errichten Biberburgen. Sie bauen Dämme, um Bäche anzustauen. Im angestauten Bereich wird die Burg nicht von der Strömung weggespült. Mit ihren kräftigen Schneidezähnen fällen sie Bäume für den Damm. Die Seiten verkleiden sie mit Schlamm und Lücken stopfen sie mit Zweigen und Steinen.

WELCHES IST DAS GRÖSSTE NAGETIER?

Das größte Nagetier der Welt ist das Capybara oder Wasserschwein. Es wird bis 1,20 Meter lang und bis zu 70 Kilogramm schwer. Zu den kleinsten Nagetieren gehört die europäische Zwergmaus. Sie ist ohne Schwanz nur bis zu sieben Zentimeter lang und wiegt etwa fünf Gramm.

WASSERSCHWEIN

Das Wasserschwein lebt in Sümpfen und ernährt sich von Gras.

WELCHE HUNDE SIND EIGENTLICH RATTEN?

Die nordamerikanischen Präriehunde sind keine Hunde, sondern Nagetiere. Ein Männchen und mehrere Weibchen mit ihren Jungen bilden eine Familiengruppe. Die Gruppen legen riesige unterirdische Baue mit Gängen und Kammern an.

KÖNNEN GLEITHÖRNCHEN FLIEGEN?

Nein, aber sie können von Baum zu Baum gleiten. Wenn ein Gleithörnchen abspringt, spreizt es die Beine, und die Gleithäute dazwischen werden aufgespannt. Wie mit einem Schirm gleitet es durch die Luft.

BIBERBURG

Eine Biberburg aus Ästen liegt oft hinter einem Damm und hat einen Eingang unter Wasser.

Bären

Es gibt acht Bärenarten. Die kleinste, der Malaienbär, wiegt oft nur 50 Kilogramm; die größten sind der Eisbär und der Braunbär. Bären haben einen mächtigen Körper mit stämmigen Beinen, oft struppiges Fell und scharfe Krallen.

EISBÄR

Der Eisbär ist das größte Raubtier auf dem Festland.

WELCHER IST DER GRÖSSTE BÄR?

Der Eisbär der Arktis ist einer der größten Bären. Männchen können über drei Meter lang werden. Eisbären sind Fleischfresser und jagen Robben, junge Walrosse und Vögel.

KÖNNEN EISBÄREN SCHWIMMEN?

Ja, Eisbären sind gute Schwimmer und verbringen viel Zeit im eiskalten Wasser der Arktis. Sie ertragen die Kälte, denn ihr glänzendes Fell hat eine dichte Unterwolle. Unter der Haut schützt sie außerdem eine dicke Speckschicht vor der Kälte.

WIE GROSS IST EIN BÄRENJUNGES?

Obwohl erwachsene Bären sehr groß sind, bringen sie winzige Junge zur Welt. Ein riesiger Eisbär bringt Junge zur Welt, die nur ein Kilogramm wiegen und kleiner sind als die meisten Menschenbabys. Pandajunge wiegen bei der Geburt nur etwa 80 Gramm.

IST DER GROSSE PANDA EIN BÄR?

Lange waren sich die Wissenschaftler nicht einig, ob dieses Tier zu den Bären, den Waschbären oder zu einer eigenen Familie gehört. Genetische Untersuchungen belegen nun, dass er zur Familie der Bären gehört.

GROSSER PANDA

Große Pandas leben in Bambuswäldern in West- und Zentralchina.

WAS FRISST DER GROSSE PANDA?

Seine Hauptnahrung ist Bambus. Ein erwachsener Panda frisst täglich 20 Kilogramm Bambusschösslinge.

RÄTSELFRAGE ?

HALTEN BÄREN WINTERRUHE?

Braunbären (unten), Eisbären und Schwarzbären, die im Norden leben, verschlafen einen großen Teil des Winters. Wenn es nur wenig Nahrung gibt, bleiben die Bären in ihrer Höhle. Vor der Winterruhe fressen sie deshalb so viel wie möglich.

GUTER KLETTERER

Wie alle Bären sind Große Pandas hervorragende Kletterer. Sie ziehen sich oft in Baumhöhlen und Felsspalten zurück.

Wölfe und Hunde

Zur Familie der Hunde gehören Hunde, Wölfe, Füchse, Kojoten, Dingos und Schakale. Sie sind Fleischfresser, haben lange Beine und jagen ihre Beute. Mit ihren scharfen Krallen und Zähnen zerreißen sie das Fleisch.

WIE VIELE HUNDE- UND FUCHSARTEN GIBT ES?

Der Familie der Hunde gehören etwa 35 Arten an. Man unterscheidet zwischen Echten Hunden und den Echten Füchsen. Zu den Echten Hunden gehören auch Wölfe, Schakale und Wildhunde.

DINGO

Dingos jagen allein und kehren nach einigen Tagen zu ihrem Rudel zurück.

WAS IST EIN DINGO?

Dingos sind australische Wildhunde. Wahrscheinlich stammen sie von Hunden ab, die die Aborigines vor 5000–8000 Jahren nach Australien mitbrachten. Heute jagen sie vor allem Schafe und Kaninchen. Im Südosten Australiens hat man einen über 4500 Kilometer langen Zaun errichtet, um die Schafherden vor Dingos zu schützen.

WAS FRESSEN FÜCHSE?

Füchse wie der Rotfuchs sind Jäger. Sie erbeuten kleine Tiere, darunter Ratten, Mäuse und Kaninchen. Füchse sind aber sehr anpassungsfähig und fressen fast alles, was ihnen vor die Schnauze kommt – auch Vogeleier, Insekten, Beeren und andere Früchte. In Städten plündern immer mehr Füchse Mülltonen und Komposthaufen.

ROTFUCHSWELPE

Die Eltern kümmern sich um die Welpen, bis sie 8–10 Monate alt sind.

WAS IST EIN KOJOTE?

Ein Kojote sieht ähnlich aus wie ein Wolf. Er hat große Ohren und lange Beine. Kojoten kommen in Nord- und Zentralamerika vor und jagen kleine Säugetiere wie Hörnchen und Mäuse. Sie bilden kleine Rudel, jagen aber meistens nur zu zweit.

WIE GROSS IST EIN WOLFSRUDEL?

In Gegenden, wo es viele große Beutetiere gibt, kann ein Rudel aus bis zu 30 Wölfen bestehen. Gemeinsam können die Wölfe Tiere niederstrecken, die größer sind als sie selbst – zum Beispiel Elche. Ein Wolfsrudel verteidigt sein Revier gegen andere Wölfe.

Katzen

Es gibt etwa 36 Katzenarten – vom Tiger bis zur afrikanischen Falbkatze, die mit unserer Hauskatze nahe verwandt ist. Katzen kommen in verschiedenen Lebensräumen vor, in tropischen Regenwäldern wie in Wüsten. In der Antarktis, in Australien und Neuseeland gibt es keine Katzen.

TIGER

Jeder Tiger hat ein individuelles Streifenmuster; zwei Tiere sind also niemals gleich gemustert.

WAS MACHEN LÖWEN TAGSÜBER?

Wie Hauskatzen schlafen Löwen während der meisten Zeit des Tages. Sie verbringen etwa 20 Stunden täglich mit Schlafen und der Fellpflege. Während der restlichen Zeit sind sie auf der Jagd und fressen ihre Beute. Die Weibchen erledigen den größten Teil der Jagd. Die Beute teilen sie mit den anderen Rudelmitgliedern.

AUF DER JAGD

Löwinnen jagen in Gruppen und wenden eine äußerst koordinierte Jagdtaktik an.

WELCHE IST DIE GRÖSSTE KATZE?

Tiger sind die größten Raubkatzen. Sie können mit Schwanz über 3,30 Meter lang werden und über 270 Kilogramm wiegen. Heute sind Tiger selten geworden. Sie kommen nur in Asien vor – von Sibirien bis in die tropischen Regenwälder Sumatras in Indonesien.

RÄTSELFRAGE ?

WARUM HABEN TIGER STREIFEN?

Die Streifen tarnen den Tiger zwischen Gräsern und Blättern, und so kann er sich an Beute heranschleichen. Tiger können ihre Opfer nicht über weite Strecken jagen, deshalb schleichen sie sich an und schlagen dann zu. Durch die Streifen sind Tiger für die Beutetiere kaum zu erkennen.

WELCHE IST DIE SCHNELLSTE KATZE?

Der Gepard ist die schnellste Raubkatze und über kurze Strecken eines der schnellsten Tiere der Erde. Er kann etwa 200 Meter weit mit über 100 Kilometer pro Stunde laufen – mehr als doppelt so schnell wie ein Mensch.

SCHNEELEOPARD

Diese große Katze jagt allein und kann Tiere töten, die viel größer sind als sie selbst.

WO LEBEN JAGUARE?

Jaguare leben in den Wäldern Zentral- und Südamerikas. Sie sind guten Kletterer und lauern ihrer Beute oft auf Bäumen auf. Sie jagen andere Waldtiere – wie Pekaris und Wasserschweine, Vögel und Schildkröten.

WAS IST EIN SCHNEELEOPARD?

Der Schneeleopard ist eine große Katze, die in den Gebirgen Zentralasiens vorkommt. Wegen seines schönen hellen, dunkel gefleckten Fells wurde er stark bejagt. Heute ist die Jagd auf Schneeleoparden zwar verboten, doch es gibt immer noch Wilderer.

Elefanten

Elefanten sind die größten Tiere auf dem Festland. Es gibt drei Arten: Waldelefanten, Afrikanische Elefanten und Asiatische Elefanten. Mit ihrem Rüssel, Stoßzähnen, großen Ohren und einer dicken Haut sind sie unverkennbar.

WIE LANG SIND STOSSZÄHNE?

Die Stoßzähne eines Elefanten wachsen während des ganzen Lebens. Im Britischen Museum in London ist ein über 3,50 Meter langer Stoßzahn zu sehen.

WELCHEN VORTEIL HABEN GROSSE OHREN?

Elefanten wedeln mit den Ohren, um sich Abkühlung zu verschaffen. Die Blutgefäße an der Oberfläche werden dabei gekühlt, und das kühlere Blut fließt in den restlichen Körper.

WIE VIEL FRISST EIN ELEFANT?

Ein ausgewachsener Elefant frisst 80–170 Kilogramm Pflanzenteile pro Tag, darunter Gräser, Zweige, Äste, Blätter, Blüten und Früchte.

AFRIKANISCHER ELEFANT

Ein Elefant setzt seine Stoßzähne ein, um nach Wasser oder Wurzeln zu graben und Äste aus dem Weg zu räumen.

WAS MACHEN ELEFANTEN MIT IHREM RÜSSEL?

Ohne seinen Rüssel könnte ein Elefant nicht zum Boden gelangen, um Nahrung aufzunehmen, denn sein Hals ist zu kurz. Auch von hohen Bäumen kann er so Früchte pflücken. Außerdem riecht er mit dem Rüssel, hebt Gegenstände auf und streichelt seine Jungen. Er trinkt, indem er Wasser in den Rüssel saugt und es sich dann in den Mund spritzt.

WIE GROSS IST EIN ELEFANTENJUNGES?

Ein neugeborenes Junges wiegt bis zu 130 Kilogramm und ist fast einen Meter hoch. Manche Junge trinken fünf Jahre lang die Milch ihrer Mutter. Danach können sie über eine Tonne wiegen.

ASIATISCHER ELEFANT

Der Asiatische Elefant hat kleinere Ohren und einen buckligeren Rücken als der Afrikanische.

WORIN UNTERSCHEIDEN SICH AFRIKANISCHE UND ASIATISCHE ELEFANTEN?

Der Afrikanische Elefant ist größer und hat größere Ohren sowie längere Stoßzähne. Sein Körper mit dem Kopf wird bis zu 7,50 Meter lang. Der Asiatische Elefant wird nur etwa sechs Meter lang und hat einen buckligeren Rücken. Auch der Rüssel weist einen Unterschied auf: Der des Afrikanischen Elefanten hat am Ende zwei fingerähnliche Fortsätze, der Rüssel des Asiatischen nur einen.

Große Tiere

Nach den Elefanten sind die größten Landtiere die Nashörner, Nilpferde und Giraffen. Alle kommen in Afrika vor, Nashörner auch in Asien. Diese Säugetiere sind Pflanzenfresser und gehören zu den Huftieren, da sie an den Füßen Hufe tragen.

WIE HOCH WIRD EINE GIRAFFE?

Ein Giraffenmännchen misst bis zu den Spitzen seiner Hörner bis zu sechs Meter. Der Hals ist sehr lang, und die Vorderbeine sind länger als die Hinterbeine, sodass der Körper nach hinten hin abfällt.

WIE VIELE HALSWIRBEL HAT EINE GIRAFFE?

Eine Giraffe hat sieben Halswirbel, genau wie die meisten Säugetiere – auch wir Menschen. Die Halswirbel der Giraffe sind aber viel länger als die anderer Tiere, und die Gelenke sind sehr beweglich.

GIRAFFEN

Da Giraffen so hoch sind, können sie ständig nach Raubtieren Ausschau halten. Giraffen schlafen täglich nur zwei Stunden.

KÖNNEN FLUSSPFERDE SCHWIMMEN?

Ein Flusspferd verbringt den Tag im oder am Wasser und kommt nachts an Land, um Pflanzen zu fressen. Es kann gut schwimmen.

FLUSSPFERD

Flusspferde suhlen sich im Wasser, um sich abzukühlen.

WAS IST EIN OKAPI?

Okapis sind mit Giraffen verwandt und leben in den Regenwäldern Afrikas. Bis 1900 waren sie Europäern unbekannt. Das Männchen hat kleine Hörner und eine lange Zunge – wie eine Giraffe. Der Hals ist aber weitaus kürzer.

IST DAS NASHORN GEFÄHRDET?

Alle fünf Nashornarten sind gefährdet. Das Javanashorn ist am stärksten bedroht, es gibt insgesamt nur noch etwa 60 Tiere. Nashörner wurden beinahe ausgerottet, weil ihren Hörnern Heilkräfte nachgesagt werden.

BREITMAULNASHORN

Das Breitmaulnashorn nennt man auch Weißes Nashorn; tatsächlich aber ist es grau.

SIND NASHÖRNER AGGRESSIV?

Trotz ihres furchterregenden Aussehens sind Breitmaulnashörner normalerweise friedliche Pflanzenfresser. Spitzmaulnashörner können launisch und aggressiv sein. Fühlen sie sich bedroht, jagen sie ihren Gegner mit hoher Geschwindigkeit. Vor allem Mütter, die ihre Jungen verteidigen, sind gefährlich.

Beuteltiere

Bei Beuteltieren dauert die Trächtigkeit nicht so lang wie bei anderen Säugetieren. Junge leben nach der Geburt in einem Beutel am Bauch der Mutter. Viele Beuteltierarten kommen in Australien und Neuguinea vor.

HABEN ALLE BEUTELTIERE EINEN BEUTEL?

Die meisten Beuteltierweibchen haben einen Beutel, aber nicht alle. Einige sehr kleine Arten, wie das Mausopossum in Südamerika, haben keinen Beutel. Andere Arten haben nur Hautfalten um die Zitzen, an denen sich die Jungen festsaugen – so das amerikanische Opossum.

IST EIN KOALA EIN BÄR?

Nein, Koalas sind Beuteltiere und nicht mit den Bären verwandt. Sie leben in den australischen Eukalyptuswäldern und ernähren sich fast ausschließlich von den Blättern einiger Eukalyptusarten. Junge Koalas verbringen die ersten sechs oder sieben Monate im Beutel. Dann trägt die Mutter sie auf dem Rücken, bis sie selbstständig sind. Ein Junges ist bei der Geburt nur etwa zwei Zentimeter lang.

KOALA

Der Koala hat kräftige Krallen, mit denen er sich beim Fressen an Ästen festhält.

WIE VIEL FRISST EIN KOALA?

Ein Koala frisst täglich etwa ein halbes Kilogramm Eukalyptusblätter. Mit seinen breitkronigen Backenzähnen zermalmt er sie zu einem feinen Brei.

SCHNABELTIER

Dieses ungewöhnliche Säugetier jagt in Flüssen und Seen Insekten, Frösche und Krebse. Dabei setzt es seinen Schnabel ein.

WELCHES IST DAS KLEINSTE BEUTELTIER?

Die kleinsten Beuteltiere sind die mausähnlichen Ningauis, die in Australien leben. Sie sind nur etwa fünf Zentimeter lang.

IST DAS SCHNABELTIER EIN BEUTELTIER?

Nein, dieses ungewöhnliche Tier, das in Australien lebt, ist kein Beuteltier. Es legt Eier – anders als die meisten Säugetiere, die bereits weit entwickelte Junge zur Welt bringen. Die Jungen trinken nach dem Schlüpfen die Milch der Mutter.

WOMBAT

Wombats fressen Gräser, Wurzeln, Rinde und Kräuter.

WAS IST EIN WOMBAT?

Ein Wombat ist ein kleines bärenähnliches Beuteltier mit schwerem Körper und kurzen, kräftigen Beinen. Es gräbt mit seinen kräftigen Zähnen und Krallen Baue. Sein Beutel öffnet sich nach hinten, sodass er sich beim Graben nicht mit Erde füllt.

Weitere Beuteltiere

In Australien und auf den Inseln der Region kommen über 200 Beuteltierarten vor, in Amerika etwa 100. Die meisten Beuteltiere leben in Süd- und Zentralamerika, nur das Nordopossum kommt in Nordamerika vor.

GIBT ES BEUTELTIERE, DIE SCHWIMMEN?

Ja, der südamerikanische Schwimmbeutler ist ein hervorragender Schwimmer und hat Schwimmhäute an den Hinterfüßen. Er kann im Wasser seinen Beutel verschließen.

WAS SIND NASENBEUTLER?

Nasenbeutler sind eine Gruppe kleiner Beuteltiere, die in Australien und Neuguinea leben. Die meisten haben kurze Beine, einen rundlichen Körper und eine lange, spitze Schnauze. Mit ihren Krallen graben sie nach Insekten und anderen kleinen Tieren im Boden.

NASENBEUTLER

Der Kaninchennasenbeutler hat lange Ohren, mit denen er seine Beute hört.

WIE SCHNELL SIND KÄNGURUS?

Manche Kängurus können sich mit ihren kräftigen Hinterbeinen mit einer Geschwindigkeit von fast 50 Kilometern pro Stunde fortbewegen und 13 Meter weite Sprünge machen.

RÄTSELFRAGE

WAS IST EIN BEUTELTEUFEL?

Der Beutelteufel (rechts) ist der größte Fleischfresser unter den Beuteltieren. Er ist mit Schwanz etwa 90 Zentimeter lang und hat kräftige Kiefer mit spitzen Zähnen. Er frisst vor allem Aas, tötet aber auch Tiere wie Vögel.

WARUM HABEN KÄNGURUS EINEN BEUTEL?

Bei der Geburt ist ein Känguru sehr klein – nur etwa zwei Zentimeter lang – und noch nicht weit entwickelt. Im Beutel seiner Mutter schließt es seine Entwicklung ab. Die winzigen Neugeborenen klettern selbst in den Beutel und saugen sich an einer der Zitzen dort fest.

WAS FRESSEN KÄNGURUS?

Kängurus fressen Gras und die Blätter niedrigwüchsiger Pflanzen, ähnlich wie Hirsche auf der Nordhalbkugel der Erde.

RIESENKÄNGURU

Das größte Känguru ist das Riesenkänguru. Erwachsene Tiere können 100 Kilogramm wiegen.

KÄNGURUJUNGES

Das Junge bleibt im Beutel, bis es zehn Kilogramm wiegt.

Affen

Zu den Primaten gehören die Neuwelt- und Altweltaffen (darunter die Menschenaffen), die Koboldmakis, Lemuren, Loris und Galagos. Primaten haben ein großes Gehirn und Greifhände, und viele laufen kurze Strecken auf zwei Beinen.

WAS SIND NEUWELTAFFEN?

Neuweltaffen kommen in der Neuen Welt vor, also in Nord-, Zentral- und Südamerika. Die Altweltaffen leben in Afrika und Eurasien.

WELCHER IST DER LAUTESTE AFFE?

Brüllaffen brüllen lauter als andere Affen und gehören zu den lautesten Tieren. Ihr Brüllen hört man in über drei Kilometern Entfernung.

BRÜLLAFFE

Der Brüllaffe verbringt die meiste Zeit auf Bäumen und frisst Blätter und Früchte.

MAKAKEN

Japanmakaken baden oft in heißen Quellen.

KÖNNEN AFFEN IN KALTEN REGIONEN LEBEN?

Die meisten Affen leben in warmen Regionen in Äquatornähe, einige Makaken aber in kälteren Gegenden. Rhesusaffen leben im Himalaya und Teilen Chinas und Indiens. Japanmakaken überstehen dank ihres dicken Fells die kalten Winter in Japan.

WAS IST EIN MANDRILL?

Der Mandrill gehört zu den größten Affen und kann einen Meter lang werden. Er kommt in tropischen Regenwäldern in Zentralafrika vor, wo er Insekten und kleine Tiere jagt und Pflanzen frisst. Der kleinste Affe ist das Zwergseidenäffchen der südamerikanischen Regenwälder. Es ist mit Schwanz nur etwa 20 Zentimeter lang und wiegt nur rund 140 Gramm.

GREIFSCHWANZ

Der Greifschwanz wird wie ein fünfter Arm eingesetzt.

RÄTSELFRAGE

WARUM HABEN VIELE AFFEN EINEN SCHWANZ?

So können sie das Gleichgewicht besser halten, wenn sie im Regenwald von Ast zu Ast springen. Einige südamerikanische Affen setzen den Schwanz als Greifschwanz ein: Mit speziellen Muskeln kann er Äste umgreifen.

Menschenaffen

Menschenaffen sind die intelligentesten Primaten. Es gibt drei Familien: Eine bilden die Gibbons; zur zweiten gehören Gorillas, Schimpansen und Orang-Utans. Der dritten Familie gehört nur eine Art an – der Mensch.

WAS FRESSEN GORILLAS?

Gorillas fressen Pflanzenteile wie Blätter, Knospen, Stängel und Früchte. Da diese viel Flüssigkeit enthalten, trinken Gorillas selten.

WELCHER IST DER GRÖSSTE MENSCHENAFFE?

Der Gorilla: Ein ausgewachsenes Männchen ist rund 1,70 Meter hoch und wiegt bis zu 240 Kilogramm. Gorillas leben in den Wäldern West- und Zentralafrikas. Einer Familiengruppe gehören ein oder zwei erwachsene Männchen, mehrere Weibchen sowie Jungtiere verschiedenen Alters an. Den Anführer nennt man Silberrücken, denn er hat am Rücken silbergraues Fell.

GORILLAWEIBCHEN

Gorillas sind nahe mit Menschen verwandt und sehr intelligent.

SCHIMPANSE

Schimpansen gehen enge Bindungen ein und trauern, wenn ein Verwandter stirbt.

BENUTZEN SCHIMPANSEN WERKZEUGE?

Ja, Schimpansen stochern mit Zweigen in Ameisennestern. Dann ziehen sie den Zweig heraus und schlecken die Ameisen ab. Außerdem knacken sie mit Steinen Nüsse. Zerkaute Blätter verwenden sie wie einen Schwamm.

JAGEN SCHIMPANSEN ANDERE TIERE?

Ja, zwar sind Früchte ihre Hauptnahrung, aber sie fressen auch Insekten und jagen kleine Tiere, auch andere Affen. Sie jagen allein oder in einer Gruppe. Oft treiben einige Gruppenmitglieder die Beutetiere anderen Schimpansen zu, die sie dann töten.

WO LEBEN SCHIMPANSEN?

Schimpansen leben in Äquatorialafrika in Wäldern und Grasland. Eine weniger bekannte Schimpansenart, die Bonobos, lebt in den Regenwäldern des Kongo. Sie haben längere Arme und Beine als die Schimpansen und verbringen mehr Zeit in Bäumen.

WO LEBEN ORANG-UTANS?

Orang-Utans leben in den Regenwäldern auf Sumatra und Borneo in Südostasien. Sie haben rötliches Fell und verbringen die meiste Zeit auf Bäumen. Früchte sind ihre Hauptnahrung, Orang-Utans fressen aber auch Blätter, Insekten, Eier und kleine Tiere. Diese Affen sind tagaktiv, nachts schlafen sie am Boden oder in einem Nest in den Ästen eines Baumes.

Echsen

Echsen sind Reptilien. Sie atmen Luft, und ihre Haut ist mit Schuppen bedeckt. Die meisten haben vier Beine und einen Schwanz. Viele können den Schwanz abwerfen, um Fressfeinden zu entkommen.

KOMODOWARAN

Kein Tier in seinem Lebensraum ist so groß, dass es einen erwachsenen Komodowaran erbeuten kann.

WELCHE IST DIE GRÖSSTE ECHSE?

Der Komodowaran, der auf einigen Inseln in Südostasien vorkommt. Er wird über drei Meter lang und jagt Wildschweine, kleine Hirsche und andere Tiere.

WIE VIELE ECHSEN-ARTEN GIBT ES?

Es gibt über 3000. Dazu gehören Eidechsen, Geckos, Leguane, Skinke und Chamäleons. Die meisten leben in den warmen Regionen der Erde.

GIBT ES GIFTIGE ECHSEN?

Ja, die Krustenechsen in den Wüstenregionen Nordamerikas (rechts) sowie die Skorpion-Krustenechse. Bei beiden Arten wird das Gift in Drüsen produziert, die im Unterkiefer sitzen. Die Echse beißt und kaut anschließend auf der Bissstelle herum, damit das Gift in die Wunde fließt und so die Beute betäubt.

WO KOMMEN CHAMÄLEONS VOR?

Es gibt weit über 100 verschiedene Chamäleonarten, die meisten leben in Afrika und Madagaskar. Daneben gibt es einige asiatische Arten, und eine Art, das Gewöhnliche Chamäleon, kommt in Südeuropa vor.

WARUM WECHSELT EIN CHAMÄLEON SEINE FARBE?

So kann es sich seiner Beute nähern, ohne von ihr gesehen zu werden, oder sich vor Fressfeinden verbergen. Der Farbwechsel wird über das Nervensystem gesteuert: Pigmentzellen in der Haut dehnen sich aus oder ziehen sich zu kleinen Punkten zusammen. Chamäleons werden dunkler, wenn sie ausgekühlt sind, und heller, wenn ihr Körper warm ist.

WELCHE ECHSE SCHWIMMT IM SAND?

Ein Sandskink lebt in den Sand Hills im Südosten der USA. Die meiste Zeit verbringt er unter der Sandoberfläche. Er bewegt sich durch den Sand wie ein Schwimmer durchs Wasser.

Schlangen

Wie andere Reptilien sind Schlangen mit Schuppen bedeckt. Alle Schlangen sind Fleischfresser und erbeuten andere Tiere. Es gibt etwa 2500–3000 Arten, und Schlangen kommen auf jedem Kontinent außer in der Antarktis vor. In Irland, Island und Neuseeland gibt es keine Schlangen.

WIE SCHNELL SIND SCHLANGEN?

Die schnellste Schlange auf dem Festland ist die afrikanische Schwarze Mamba. Sie kann sich mit einer Geschwindigkeit von elf Kilometern pro Stunde fortbewegen.

KLAPPERSCHLANGE

Jedes Mal, wenn die Schlange sich häutet, wird die Schwanzrassel um einen Ring länger.

WELCHE IST DIE GRÖSSTE SCHLANGE?

Die größte Schlange ist der südostasiatische Netzpython. Er kann fast zehn Meter lang werden. Die Anakonda in den Regenwäldern Südamerikas ist schwerer als der Python, wird aber nicht so lang. Pythons und Anakondas sind ungiftig; sie erdrosseln ihre Opfer. Ein Python umwindet die Beute mit seinem kräftigen Körper, bis sie erstickt.

WELCHE IST DIE GEFÄHRLICHSTE SCHLANGE?

Sandrasselottern gehören zu den giftigsten Schlangen der Erde, ihr Gift kann einen Menschen töten. Sandrasselottern kommen in Afrika und Asien vor.

RÄTSELFRAGE

WARUM HÄUTEN SICH SCHLANGEN?

Schlangen häuten sich, weil die Hornschicht ihrer Haut nicht mitwächst und mit der Zeit schadhaft wird. Manche Schlangen häuten sich alle 20 Tage.

NATTERNHEMD

Schlangen streifen an rauen Oberflächen die alte Haut ab.

SIND ALLE SCHLANGEN GIFTIG?

Nein, nur etwa ein Drittel der Schlangen ist giftig, und viele Giftschlangen können den Menschen nicht schaden. Ungiftige Schlangen erwürgen ihre Beute und verschlucken sie im Ganzen.

KAPKOBRA

Die Kapkobra aus Südafrika kann mit ihrem Biss einen Menschen töten.

WARUM KLAPPERN KLAPPERSCHLANGEN?

Klapperschlangen warnen mit dem Klappern Angreifer davor, ihnen zu nahe zu kommen. Das Geräusch entsteht, wenn die Schlange ihre Schwanzrassel schüttelt, die aus mehreren Hornschuppenringen besteht. Jeder dieser Ringe war einmal die Schwanzspitze. Wenn die Schlange sich häutet, kommt ein neuer Ring hinzu.

Tiere im Wasser und in der Luft

Meeressäuger

Nicht alle Säugetiere leben auf dem Festland. Robben, Seelöwen und Walrosse zum Beispiel suchen ihre Nahrung im Meer. Sie müssen regelmäßig an die Wasseroberfläche kommen, um Luft zu atmen. Ihre dicke Fettschicht hält sie im Wasser warm.

WIE SCHNELL KÖNNEN SEELÖWEN SCHWIMMEN?

Seelöwen können mit einer Geschwindigkeit von 40 Kilometer pro Stunde schwimmen.

WIE KANN MAN ROBBEN UND SEELÖWEN UNTERSCHEIDEN?

Mit Erfahrung: Robben und Seelöwen haben einen stromlinienförmigen Körper und Flossen statt Beinen. Seelöwen haben kleine Ohrmuscheln, während Robben nur Ohröffnungen haben. Seelöwen können ihre Hinterflossen unter den Körper schieben und sich so an Land fortbewegen. Robben können das nicht: Sie ziehen sich vorwärts.

WELCHE SIND DIE GRÖSSTEN ROBBEN?

Die Männchen der See-Elefanten, die bis zu sieben Meter lang werden und fast vier Tonnen wiegen – so viel wie ein kleiner Elefant.

SICH SONNENDE ROBBE

Robben ruhen sich zwischen ihren Jagdzügen lange Zeit an Stränden aus.

WARUM ERFRIEREN ROBBEN NICHT?

Eine Fettschicht unter der Haut lässt Robben, Seelöwen und Walrosse nicht auskühlen. Sie kann bis zu zehn Zentimeter dick sein. Außerdem haben die Tiere ein dichtes Fell.

JUNGER SEELÖWE

Seelöwen haben Ohrmuscheln und lange Vorderflossen.

KOMMEN ROBBEN- UND SEELÖWENJUNGE IM WASSER ZUR WELT?

Nein, Robben und Seelöwen verbringen den größten Teil ihres Lebens im Wasser, bringen ihre Jungen aber an Land zur Welt. Die Mütter bleiben dann einige Wochen lang an Land und säugen ihre Jungen mit ihrer fettreichen Milch.

RÄTSELFRAGE

WIE GROSS IST EIN WALROSS?

Die größten Walrossmännchen (links) sind über drei Meter lang und wiegen 1700 Kilogramm. Weibchen sind kleiner, knapp drei Meter lang, und wiegen nur 900 Kilogramm. Die Walrosshaut ist etwa vier Zentimeter dick und bietet auch Schutz, wenn Artgenossen mit den Stoßzähnen angreifen.

Wale, Delfine und Schweinswale gehören zur Familie der Wale. Diese Meeressäuger sind intelligent und haben eine große Fluke (Schwanzflosse). Mit einem oder zwei Blaslöchern oben am Kopf atmen sie Luft.

WELCHER IST DER GRÖSSTE WAL?

Der Blauwal – er ist außerdem das größte Tier, das jemals auf der Erde gelebt hat. Er wird bis zu 33 Meter lang. Trotz seiner Größe ist er kein furchterregender Jäger. Er frisst kleine Krebstiere, den Krill. Pro Tag verschluckt er bis zu vier Millionen der Krebschen.

WELCHER WAL TAUCHT AM TIEFSTEN?

Der Pottwal taucht regelmäßig über 1000 Meter tief ins Meer hinab.

WIE GROSS IST EIN BLAUWALJUNGES?

Bei der Geburt ist es etwa sieben Meter lang und somit das größte Baby im Tierreich.

BARTEN

Ein Bartenwal filtert mit seinen Barten Krill aus dem Wasser.

WIE ERNÄHRT SICH EIN BLAUWAL?

Vom Oberkiefer des Blauwals hängen viele Hornplatten herab, die man Barten nennt. Der Wal öffnet das Maul, und Wasser und Krillkrebschen strömen hinein. Das Wasser fließt seitlich wieder aus dem Maul, und der Krill bleibt in den Barten hängen.

WARUM ZIEHEN VIELE WALE?

Viele Wale ziehen zu bestimmten Jahreszeiten weite Strecken, zum Beispiel die Buckelwale. Einen großen Teil des Jahres verbringen sie in den Meeren der Arktis oder Antarktis, wo es Unmengen von Krillkrebschen gibt. Um ihre Jungen zur Welt zu bringen, ziehen sie in wärmere Meere in Äquatornähe.

SINGEN BUCKELWALE?

Ja, sie bringen verschiedene Geräusche hervor, darunter hohe Pfeiflaute und tiefe knurrende Töne, die manchmal 5–35 Minuten lang erklingen. Mit ihren Gesängen locken die männlichen Wale Weibchen an oder bleiben so mit anderen Gruppenmitgliedern in Kontakt.

BUCKELWAL

Wale katapultieren sich oft aus dem Wasser und tauchen mit einem gewaltigen Platscher wieder ein.

Weitere Wale

Es gibt zwei Gruppen von Walen: Zahnwale und Bartenwale. Bartenwale filtern ihre Nahrung aus dem Wasser. Delfine und Schweinswale sind Zahnwale, Blauwale und Buckelwale Bartenwale.

KOMMEN WALE AN LAND?

Nein, sie verbringen ihr ganzes Leben im Meer. Sie kommen aber regelmäßig zur Oberfläche, denn sie atmen Luft.

IST EIN DELFIN EIN WAL?

Ja, ein Delfin ist ein kleiner Wal. Die meisten der etwa 32 Delfinarten leben im Meer, fünf davon kommen in Flüssen vor. Der größte Delfin ist der Orca oder Schwertwal (links), der über zehn Meter lang werden kann. Delfine haben einen stromlinienförmigen Körper und eine spitze Schnauze mit scharfen Zähnen.

AUSSCHAU HALTEN

Delfine kommen oft zur Oberfläche, um Ausschau zu halten.

BRINGEN WALE IHRE JUNGEN IM WASSER ZUR WELT?

Ja, die Jungen werden mit dem Schwanz zuerst geboren. Sobald der Kopf erscheint, begleiten die Mutter und andere Weibchen das Junge zur Wasseroberfläche, wo es Luft atmet.

WAS IST EIN SCHWEINSWAL?

Ein Schweinswal ist ein kleiner Wal mit einem runden Kopf. Seine Schnauze ist nicht spitz wie bei einem Delfin. Es gibt sechs Arten. Sie leben an den Küsten des Atlantiks, Pazifiks und des Indischen Ozeans. Wie andere Zahnwale spüren Tümmler ihre Beute mit Echoortung auf. Sie stoßen eine Serie von Klicklauten aus und erkennen am Echo, wo sich das Opfer aufhält.

WIE SCHNELL SCHWIMMEN WALE?

Blauwale können sich mit einer Geschwindigkeit von bis zu 32 Kilometer pro Stunde fortbewegen. Einige kleine Wale, wie Grindwale und Delfine, erreichen wahrscheinlich über 45 Kilometer pro Stunde.

GEMEINER DELFIN

Delfine sind schnelle Schwimmer und erbeuten Fische und Tintenfische.

WAS IST EIN NARWAL?

Ein Narwal ist ein Wal mit einem verlängerten Eckzahn, der vorn aus der Schnauze ragt. Er entspringt dem Oberkiefer und kann über drei Meter lang werden. Nur Männchen haben diese Zähne. Sie setzen sie ein, um mit anderen zu kämpfen.

FECHTKAMPF

Diese beiden Narwale „fechten“ mit ihren Stoßzähnen.

Haie und Rochen

Haie und Rochen gehören zu einer Gruppe von Fischen, deren Skelette aus Knorpel bestehen, nicht aus Knochen. Knorpel ist weicher und biegsamer als Knochen. Haie und Rochen haben ein größeres Gehirn als andere Fische. Haie sind die gefährlichsten Raubfische im Meer.

WIE VIELE HAIARTEN GIBT ES?

Über 500 verschiedene – und Haie kommen in allen Meeren der Erde vor. Der Zwerg-Laternenhai ist nur 20 Zentimeter lang, der Walhai kann über 13 Meter lang werden.

SIND ALLE HAIE JÄGER?

Nein, zwei der größten Haie zum Beispiel, der Walhai und der Riesenhai, ernähren sich von Plankton. Diese winzigen Lebewesen filtern sie mit Kiemenreusen aus dem Wasser.

WIE GROSS IST EIN WEISSER HAI?

Die meisten Weißen Haie sind etwa fünf Meter lang, manche werden aber bis zu sieben Meter lang. Sie leben in den warmen Meeren der Erde. Weiße Haie sind Raubfische und greifen große Fische und andere Tiere an, wie Seelöwen und Tümmler. Ihre wichtigste Waffe sind die großen, scharfen Zähne.

TIGERHAIE

Diese Haie erbeuten Fische, Vögel, Schildkröten und auch andere Haie.

WIE SCHNELL SCHWIMMEN HAIE?

Viele Haie können über kurze Strecken bis zu 40 Kilometer pro Stunde erreichen.

KÖNNEN STECHROCHEN STECHEN?

Ja, Stechrochen tragen Giftstacheln am Schwanz, daher ihr Name. Sie leben in warmen Meeren. Tritt man auf sie, kann das sehr gefährlich und manchmal sogar tödlich sein.

STACHELROCHEN

Der Blaupunktrochen kann 70 Zentimeter breit werden.

Fische

Fische kommen in den meisten Gewässern der Erde vor, in Gebirgsbächen ebenso wie in den tiefsten Zonen der Ozeane. Ihre stromlinienförmigen Körper sind ideal zum Schwimmen. Die meisten Fische sind mit Schuppen besetzt.

WO LEBEN CLOWNFISCHE?

Clownfische sind tropische Fische, die in Seeanemonen leben. Seeanemonen gehören wie Quallen zu den Nesseltieren und sind giftig. Nur die Clownfische sind immun gegen das Gift. In der Seeanemone sind sie vor Fressfeinden sicher.

WIE SCHNELL SCHWIMMEN FISCHE?

Der Fächerfisch ist einer der schnellsten Fische. Er erreicht eine Geschwindigkeit von über 100 Kilometern pro Stunde. Auch Marline und Thunfische sind schnelle Schwimmer.

CLOWNFISCH

Der Clownfisch versteckt in einer Seeanemone.

PIRANHA

Piranhas haben scharfe, dreieckige Zähne.

RÄTSELFRAGE

WELCHE SIND DIE GEFÄHRLICHSTEN SÜSSWASSERFISCHE?

Piranhas, die in Flüssen im tropischen Südamerika vorkommen. Sie sind nur etwa 25–60 Zentimeter lang, im Schwarm greifen sie aber auch große Säugetiere an und töten und fressen sie unglaublich schnell. Ihre dreieckigen Zähne sind messerscharf.

GIBT ES ELEKTRISCHE FISCHE?

Ja, Zitteraale zum Beispiel können mit ihren Muskeln Stromstöße erzeugen. Diese sind so stark, dass Beutetiere betäubt werden.

WARUM FLIEGT EIN FLIEGENDER FISCH?

Fliegende Fische gleiten über der Wasseroberfläche, um Angreifern zu entkommen. Ihre vergrößerten Flossen funktionieren wie Tragflächen. Sie beschleunigen, durchbrechen die Wasseroberfläche und gleiten kurze Strecken durch die Luft.

KUGELFISCH

Dieser Fisch bläht bei Gefahr seinen Körper auf.

GIBT ES IM MEER GIFTIGE FISCHE?

Ja, und der Kugelfisch gehört zu den giftigsten. In einigen inneren Organen, wie in der Leber, bildet er ein starkes Gift, das einen Menschen töten kann. Sorgfältig zubereitet gelten Kugelfische in Japan trotzdem als Delikatesse.

Amphibien

Die meisten Amphibien legen ihre Eier im Wasser ab. Zuerst leben sie im Wasser und atmen mit Kiemen. Sie verwandeln sich in erwachsene Tiere, die Luft atmen.

KLETTERN LAUBFRÖSCHE AUF BÄUME?

Laubfrösche sind geschickte Kletterer und haben lange Zehen mit runden, klebrigen Haftscheiben. Mit ihnen können sie an Blattunterseiten haften und an glatten Oberflächen hinauflaufen. Sie verbringen den größten Teil ihres Lebens in Bäumen und fangen Insekten. Viele kommen nur herab, um ihre Eier abzulegen.

WARUM QUAKEN FRÖSCHE?

Die Männchen quaken, um Weibchen anzulocken. Ein Frosch hat eine oder zwei Schallblasen, um noch lautere Geräusche hervorzubringen.

LAUBFROSCH

Laubfrösche sind kleine Tiere, die auch zarte Blätter und dünne Zweige erklimmen können.

HAFTSCHEIBEN

Dieser Frosch hat lange Finger und Zehen mit Haftscheiben. Mit ihnen kann er hervorragend klettern.

KAULQUAPPEN

Wenn Kaulquappen heranwachsen, bekommen sie Beine.

WAS SIND KAULQUAPPEN?

Kaulquappen sind die Larven von Fröschen oder Kröten. Diese legen ihre Eier meistens im Wasser ab, und aus ihnen schlüpfen schwimmende Larven mit einem langen Schwanz. Diese Kaulquappen entwickeln sich langsam zu den erwachsenen Tieren.

WELCHER IST DER KLEINSTE FROSCH?

Der kleinste Frosch ist das Kubafröschchen, das nur etwas größer als einen Zentimeter wird.

WIE VIELE FRÖSCHE UND KRÖTENARTEN GIBT ES?

Über 5000 – sie kommen auf allen Kontinenten außer in der Antarktis vor. Die meisten Frösche und Kröten leben in Gebieten, wo es viel regnet, manche aber auch in trockneren Regionen.

FROSCHLAICH

Viele Froscharten legen Tausende von Eiern auf einmal.

LEGEN ALLE FRÖSCHE EIER IM WASSER AB?

Nein, einige Frösche pflanzen sich auf sehr ungewöhnliche Weise fort. So trägt der Beutelfrosch die Eier in einer Bruttasche am Rücken. Männchen des Nasenfroschs tragen sie sogar in ihrem Kehlsack herum, bis sich aus ihnen winzige Fröschchen entwickelt haben.

Krokodile und Alligatoren

Krokodile und Alligatoren sind Reptilien, die in tropischen Regionen im Wasser leben. Sie haben sehr kräftige Kiefer mit scharfen Zähnen, und sie können sich im Wasser und an Land schnell fortbewegen.

WAS FRESSEN KROKODILE?

Junge Krokodile fangen Insekten und Spinnen. Wenn sie heranwachsen, sind Fische und Vögel die Hauptnahrung. Ausgewachsene Krokodile erbeuten alles, was ihnen vor die Schnauze kommt, auch große Tiere wie Giraffen.

WELCHES IST DAS GRÖSSTE KROKODIL?

Das Nilkrokodil wird bis zu 6,50 Meter lang, das Leistenkrokodil, das in Südostasien vorkommt, kann sogar noch größer werden.

WIE VIELE ARTEN GIBT ES?

Es gibt 14 Krokodilarten, acht Arten von Alligatoren – darunter auch drei Kaimanarten – sowie Gaviale, die nur in den Flüssen Nordindiens vorkommen. Den Gavial zeichnet eine besonders lange, schmale Schnauze aus.

NILKROKODIL

Das Krokodil trägt einen Schuppenpanzer.

RÄTSELFRAGE

LEGEN KROKODILE EIER?

Krokodile legen Eier und kümmern sich um sie. Die meisten Weibchen graben eine Grube, in die sie 30 oder mehr Eier legen. Diese bedecken sie mit Erde oder Sand. Während die Eier sich dort etwa drei Monate lang entwickeln, bleibt das Weibchen in der Nähe und bewacht das Nest.

GIBT ES KROKODILE SCHON LANGE?

Ja, es gab sie schon zur Zeit der Dinosaurier. Krokodile gibt es seit 200 Millionen Jahren.

WIE LASSEN SICH KROKODILE UND ALLIGATOREN UNTERSCHEIDEN?

Krokodile kann man daran erkennen, dass ihre Zähne hervorstehen, wenn das Maul geschlossen ist. Bei Alligatoren sind die Zähne im Unterkiefer nach innen gerichtet und bei geschlossenem Maul nicht zu sehen.

AGGRESSIVE ALLIGATOREN

Alligatoren kämpfen oft, um ihre Reviere zu verteidigen.

Reptilien im Wasser

Krokodile sind nicht die einzigen Reptilien, die in Flüssen und Seen und im Meer leben. Viele Schildkröten verbringen dort die meiste Zeit. Ein harter Panzer schützt ihren Körper. Unter Wasser können sie nicht atmen, deshalb holen sie an der Oberflache Luft.

KARETTSCHILDKRÖTE

Die Echte Karettschildkröte ist eines der wenigen Tiere, das sich vor allem von Schwämmen ernährt.

WELCHE IST DIE GRÖSSTE MEERESSCHILDKRÖTE?

Die Lederschildkröte, die zwei Meter lang wird und bis zu 400 Kilogramm wiegt. Lederschildkröten sieht man meistens weit draußen im offenen Meer.

WAS FRESSEN MEERESSCHILDKRÖTEN?

Die meisten Meeresschildkröten fressen verschiedene Meerestiere wie Muscheln, Krebse und Schnecken. Manche sind aber Nahrungsspezialisten.

GIBT ES SCHLANGEN IM MEER?

Ja, es gibt 50–60 Schlangenarten, die ihr ganzes Leben im Meer verbringen. Sie erbeuten Fische und andere Tiere, und alle sind sehr giftig. Der Biss mehrerer Arten kann einen Menschen töten.

GROSSE FLOSSEN

Das Weibchen benutzt seine Flossen zum Schwimmen und zum Graben von Nestern.

GIBT ES SCHILDKRÖTEN, DIE IM SÜSSWASSER LEBEN?

Ja, in den wärmeren Regionen der Erde gibt es etwa 200 Schildkrötenarten, die im Süßwasser leben.

WO LEGEN SCHILDKRÖTEN IHRE EIER?

Die Weibchen der Meeresschildkröten graben an einem Sandstrand eine Grube, in die sie ihre Eier legen. Dann bedecken sie die Eier mit Sand. Wenn die Jungen schlüpfen, graben sie sich aus und laufen zum Meer.

Vögel der Polargebiete

Nur wenige Tiere können im rauen Klima der Arktis und Antarkis überleben. Mehrere robuste Vogelarten ziehen im Sommer zum Brüten in die Polarregionen, wenn es dort relativ warm ist. Einige Pinguinarten leben in der bitterkalten Antarktis.

WELCHER IST DER GRÖSSTE PINGUIN?

Der Kaiserpinguin, der in der Antarktis lebt, ist der größte Pinguin der Erde. Er ist etwa 110 Zentimeter hoch. Wie alle Pinguine kann er nicht fliegen; er ist aber ein hervorragender Schwimmer und Taucher und setzt seine Flügel wie Flossen ein. Die meiste Zeit verbringt er im Wasser.

LEBEN ALLE PINGUINE IN DER ANTARKTIS?

Die meisten der knapp 20 Pinguinarten leben in oder nahe der Antarktis, einige kommen aber in wärmeren Regionen vor, wie um Neuseeland. Auf der Nordhalbkugel gibt es keine Pinguine.

WIE SCHNELL SCHWIMMEN PINGUINE?

Pinguine können bis zu 13 Kilometer pro Stunde schnell schwimmen, über kurze Strecken sogar schneller. Manche Pinguine können 20 Minuten lang unter Wasser bleiben.

KAISERPINGUIN-KOLONIE

Kaiserpinguine brüten an Land. Das Weibchen legt ein Ei, das das Männchen auf seinen Füßen etwa 60 Tage lang warm hält, bis das Küken schlüpft.

WELCHER VOGEL ZIEHT AM WEITESTEN?

Die Küstenseeschwalbe legt die weitesten Strecken zurück. Jedes Jahr macht sie eine etwa 30 000 Kilometer lange Rundreise. Die Vögel nisten in der Arktis, wenn auf der Nordhalbkugel Sommer ist, und fliegen dann in den Süden. Den Sommer auf der Südhalbkugel verbringen sie in der Nähe der Antarktis, wo sie Nahrung finden.

KÜSTENSEESCHWALBE

Diese langlebigen Vögel können bis zu 20 Jahre alt werden.

WELCHER VOGEL HAT DIE LÄNGSTEN FLÜGEL?

Der Wanderalbatros – wenn er sie ganz ausbreitet, hat er eine Flügelspannweite von über 3,30 Meter. Der majestätische Seevogel brütet auf Inseln vor der Antarktis.

RÄTSELFRAGE

WELCHER IST DER KLEINSTE PINGUIN?

Der Zwergpinguin – er wird nur etwa 35 Zentimeter groß. Er kommt in den Gewässern vor der Küste Neuseelands und Tasmaniens (Australien) vor.

Vögel

Es gibt etwa 10 000 verschiedene Vogelarten. Sie kommen überall vor, in Wüsten wie in Regenwäldern. Vögel haben Federn, einen Schnabel und Flügel und legen Eier mit einer harten Schale.

BASSTÖLPEL

Basstölpel sind die größten Seevögel im Nordatlantik und haben eine Flügelspanne von bis zu 1,80 Meter.

WIE VIELE MÖWENARTEN GIBT ES?

Es gibt etwa 55 Möwenarten. Sie leben in allen Regionen der Erde, nördlich des Äquators jedoch in größerer Artenvielfalt. Die Zwergmöwe ist nur 28 Zentimeter lang, die Mantelmöwe über 65 Zentimeter. Viele Möwen suchen ihre Nahrung nicht nur im Meer, sondern auch im Binnenland.

WIE SUCHEN TÖLPEL IHRE NAHRUNG?

Tölpel fangen Fische und Tintenfische, indem sie aus der Luft ins Meer hinabstoßen. Sie fliegen über die Wasseroberfläche und halten nach Beute Ausschau. Wenn sie einen Fisch entdecken, stoßen sie aus bis zu 30 Meter Höhe ins Wasser und packen ihn mit dem Schnabel.

PAPAGEITAUCHER

Papageitaucher haben während der Brutsaison einen bunten Schnabel.

IST DER PAPAGEITAUCHER EIN PINGUIN?

Nein, Papageitaucher gehören zur Familie der Alkenvögel. Diese kommen auf der Nordhalbkugel vor, die meisten in der Arktis. Alken sind wie Pinguine gute Schwimmer und Taucher, aber anders als diese können sie fliegen.

555 FRAGEN UND ANTWORTEN

LÄNDER UND VÖLKER

FRAGEN & ANTWORTEN

Entwurf und Realisation: Tall Tree Ltd, London

Autoren: John Farndon, Ian James, Jinny Johnson, Fiona Macdonald, Claudia Martin, Angela Royston, Philip Steele und Martin Walters
Berater: Sarah Durant, Philip Parker, John Williams und Astrid Wingler

Realisation der deutschen Ausgabe: trans texas publishing, Köln
Übersetzung: Eva Sixt, München
Lektorat: Kirsten E. Lehmann, Köln

ISBN 978-1-4075-9230-5

Printed in China

ARAS

Der Hellrote Ara ist ein Papageienvogel, der in den Wäldern Zentral- und Südamerikas lebt.

WIE VIELE PAPAGEIEN-VOGELARTEN GIBT ES?

Es gibt etwa 350 Papageienvogel-Arten, die alle in wärmeren Regionen vorkommen. Papageienvögel haben kräftige, gebogene Schnäbel, und viele Arten sind sehr bunt. Diese intelligenten Vögel können die menschliche Sprache nachahmen.

WARUM HAT DER PELIKAN EINEN KEHLSACK?

Der Pelikan bewahrt Fische in seinem Kehlsack auf. Mit offenem Schnabel schöpft er Wasser und Fische in den Kehlsack. Hebt er den Kopf, läuft das Wasser aus dem Kehlsack, und nur die Fische bleiben darin.

WAS IST EIN TROPIKVOGEL?

Ein Tropikvogel ist ein Seevogel mit zwei sehr langen mittleren Schwanzfedern. Es gibt drei Arten, die alle in den Tropen leben.

Greifvögel und Eulen

Greifvögel und Eulen sind Jäger, die Tiere erbeuten, von Insekten bis hin zu Fischen und Säugetieren. Mit kräftigen Schnäbeln und Krallen töten und zerteilen sie ihre Beute.

FANGEN ADLER SCHLANGEN?

Ja, Schlangenadler erbeuten Schlangen und Echsen. Mit der rauen Oberfläche ihrer Zehen können sie die glatten Schlangen festhalten.

GÄNSEGEIER

Der kahle Kopf verklebt nicht, wenn der Geier Aas frisst.

JAGEN UND TÖTEN GEIER IHRE BEUTE?

Geier töten ihre Beute normalerweise nicht. Sie sind Aasfresser, die sich von toten Tieren ernähren. Sie haben kräftige Krallen und Schnäbel, und mit dem kahlen Kopf können sie im Körper des toten Tieres fressen, ohne dass ihre Federn verkleben.

WELCHER GEIER KANN KNOCHEN BRECHEN?

Der Bartgeier ergreift Knochen und lässt sie aus großer Höhe auf Felsen fallen. Wenn sie aufbrechen, kann er das Knochenmark fressen.

WANDERFALKE

Dieser Falke ernährt sich von Vögeln, kleinen Säugetieren und Reptilien.

WELCHER IST DER SCHNELLSTE VOGEL?

Der Wanderfalke – er kann 140 Kilometer pro Stunde erreichen, wenn er aus der Luft auf andere Vögel hinabstößt. Bevor er zuschlägt, kreist der Falke über seinem Opfer.

WIE JAGEN EULEN IN DER NACHT?

Eulen sehen sehr gut, auch bei wenig Licht, und auch ihr Gehör ist hervorragend. Ihre Federn haben weiche Ränder, deshalb sind die Flügelschläge fast lautlos, wenn sie auf ein ahnungsloses Beutetier herabstoßen.

WIE VIELE EULENARTEN GIBT ES?

Es gibt etwa 145 Eulenarten in zwei Familien. Man unterteilt sie in Schleiereulen und sogenannte Eigentliche Eulen. Eulen leben in den meisten Regionen der Erde, nur auf einigen Inseln kommen sie nicht vor. Sie jagen in der Regel nachts – und zwar kleine Säugetiere, Vögel, Echsen, Insekten und Fische.

Weitere Greifvögel

Es gibt etwa 500 Greifvogelarten – darunter Adler, Habichte, Bussarde, Weihen, Milane, Falken und Geier. Greifvögel jagen tagsüber und ruhen nachts; ihre Augen lassen sie überaus scharf sehen.

FISCHADLER

In ihrem Horst, einem Haufen aus Ästen und Algen, teilen sich Fischadler einen Fisch.

WELCHER IST DER KLEINSTE GREIFVOGEL?

Das Finkenfälkchen und das Weißscheitelfälkchen aus Südostasien. Beide sind nur etwa 12–14 Zentimeter lang. Sie erbeuten kleine Vögel und Insekten.

WAS FRISST EIN FISCHADLER?

Ein Fischadler ernährt sich vor allem von Fischen. Erspäht er einen in der Nähe der Wasseroberfläche, taucht er ins Wasser und ergreift ihn mit seinen Füßen. Die Fußsohlen sind mit Stacheln besetzt, sodass er den Fisch festhalten kann.

WAS IST EINE HARPYIE?

Die Harpyie ist ein großer Greifvogel, der in südamerikanischen Regenwäldern vorkommt. Sie wird fast einen Meter lang. Die Harpyie jagt Affen und Faultiere in den Baumkronen des Regenwaldes.

WELCHER IST DER GRÖSSTE GREIFVOGEL?

Der Andenkondor ist der größte Greifvogel der Erde. Er kann über einen Meter lang werden und bis zu 13 Kilogramm wiegen. Seine Flügelspannweite beträgt etwa 3,20 Meter.

ANDENKONDOR

Der Kopf des Andenkondors ist fast kahl; ihn umkränzt eine Halskrause aus weißen Federn.

RÄTSELFRAGE

BAUEN ADLER NESTER?

Ja, und die Horste des Weißkopfseeadlers (oben) zum Beispiel gehören zu den größten Nestern; sie können bis zu sechs Meter hoch sein. Die Adler brüten hier viele Jahre hintereinander und vergrößern ihr Nest jedes Jahr mit neuem Nistmaterial.

WIE TÖTEN ADLER IHRE BEUTE?

Ein Adler tötet mit den langen, gebogenen Krallen an den Füßen. Er stößt auf die Beute herab, greift sie und erdolcht sie mit seinen Krallen. Dann zerteilt er das Fleisch mit dem kräftigen, gekrümmten Schnabel.

Glossar

Aasfresser
Ein Tier, das tote Tiere frisst.

Aborigines
So nennt man die Ureinwohner Australiens. Die Aborigines lebten bereits lange Zeit, bevor die ersten Europäer dort ankamen, in Australien.

Allesfresser
Ein Tier, das sowohl Pflanzen als auch Fleisch frisst.

Äquator
Eine gedachte Linie, die um die Mitte der Erdkugel verläuft.

Atmosphäre
Eine gasförmige Hülle, die einen Planeten umgibt; wegen der Schwerkraft wird sie festgehalten. Die Atmosphäre der Erde reicht 800 Kilometer weit.

Aussterben
Der Prozess, an dessen Ende eine Tier- oder Pflanzenart nicht mehr existiert, weil sie von Jägern oder Sammlern ausgerottet wurde oder sich ihr Lebensraum verändert hat.

Beute
Ein Tier, das von einem anderen gejagt und gefressen wird.

Brüten
Die Eier warm halten, sodass die Jungen im Ei sich entwickeln können.

Demokratie
Ein Regierungssystem, bei dem das Volk seine Vertreter wählt.

Eisschild
Eine dicke Schicht aus Eis und Schnee am Nord- oder Südpol.

erneuerbare Energien
Energiequellen, wie Windkraft, die nicht verbraucht werden können.

Evolution
Der Prozess, bei dem Tiere und Pflanzen sich im Lauf von vielen Generationen an ihre Umwelt anpassen und dadurch verändern; die am besten angepassten Lebewesen überleben und pflanzen sich fort, während schlechter angepasste aussterben.

Fleischfresser
Ein Tier, das andere Tiere frisst.

Flossen
Körperfortsätze eines Fisches oder Säugetiers, die zum Schwimmen eingesetzt werden.

Fossil
Die Überreste eines Tiers oder einer Pflanze, die in Gestein oder einer anderen Substanz erhalten geblieben und oft Jahrmillionen alt sind.

Fotosynthese
Der Prozess, bei dem Pflanzen mit der Energie des Sonnenlichts Nähr- und Aufbaustoffe herstellen.

gemäßigte Regionen
Regionen auf der Erde, in denen es vier Jahreszeiten gibt und wo das Klima relativ mild ist.

Gift
Ein Stoff, mit dem einige Tiere ihre Beute töten oder sich gegen Fressfeinde verteidigen.

Herde
Eine Gruppe großer Säugetiere.

Insekt
Ein wirbelloses Tier mit einem dreiteiligen Körper, drei Beinpaaren und meistens zwei Flügelpaaren.

Klima
Die Wetterzustände in einem Gebiet; alle Pflanzen- und Tierarten sind an ein bestimmtes Klima angepasst.

Kolonie
Eine Gruppe von Tieren, die gemeinsam an einem Ort leben.

Kontinent
Eine der sieben großen Landmassen der Erde. Afrika, Antarktika, Asien, Australien, Europa, Nordamerika und Südamerika sind Kontinente.

Krebstier
Ein wirbelloses Tier, dessen Körper mit einem Außenskelett bedeckt ist; zu den Krebstieren gehören zum Beispiel Krabben, Garnelen oder Hummer.

Lebensraum
Die Umgebung, in der ein Tier oder eine Pflanze vorkommt.

Magma
Heiße Gesteinsschmelze unter der Erdoberfläche, die bei einem Vulkanausbruch aufsteigt.

mikroskopisch
Zu klein, um mit bloßem Auge erkennbar zu sein.

Mittelalter
Eine Epoche in der Geschichte: Meist wird die Zeit zwischen 500 und 1500 als Mittelalter bezeichnet.

nachtaktiv
Ein Tier, das nachts wach und aktiv ist und tagsüber ruht.

Pflanzenfresser
Ein Tier, das sich nur von Pflanzen ernährt.

Polargebiete
Die kalten Gebiete um den Nord- und den Südpol.

Population
Alle Tiere oder Pflanzen einer bestimmten Art, die in einem Gebiet vorkommen.

Räuber
Ein Tier, das andere Tiere jagt und frisst.

Regenwald
Dichter, üppiger Wald in Äquatornähe, wo viel Regen fällt.

Reptil
Ein Wirbeltier, das Eier legt und einen mit Schuppen bedeckten Körper hat.

Satellit
Ein Objekt, das einen Planeten umkreist und von der Schwerkraft in seiner Umlaufbahn gehalten wird.

Säugetier
Wirbeltiere, die meistens ein Fell haben; die Weibchen bringen weit entwickelte Junge zur Welt und säugen sie mit Milch.

Schnabel
Die knöchernen Kiefer eines Vogels, die mit einer Hornschicht bedeckt sind.

Schwarm
Eine Gruppe Vögel oder Fische, die stets gemeinsam fliegt oder schwimmt.

Sediment
Gesteinsbruchstücke oder ähnliche Ablagerungen in Flüssen oder Meeren.

Sinne
Mit ihren Sinnen nehmen Menschen und Tiere die Umwelt wahr. Der Mensch hat fünf Sinne: den Sehsinn, das Gehör, den Tastsinn, den Geruchssinn und den Geschmackssinn.

Skelett
Das Gerüst, das einen Körper stützt und zusammenhält.

Stromlinienform
Eine zugespitzte Form, mit der sich ein Tier oder ein Gegenstand ohne großen Widerstand im Wasser oder in der Luft fortbewegen kann.

Tarnkleid
Ein Muster oder eine Färbung, womit ein Tier vor einem bestimmten Hintergrund kaum zu erkennen ist.

Tentakel
Lange, fühlerähnliche Fortsätze mancher Tiere, zum Beispiel Quallen.

Tradition
Eine bestimmte Weise, Dinge zu tun – wie Musik machen, kochen oder ein Land regieren; eine Tradition wird von einer Generation an die nächste weitergegeben.

Treibhauseffekt
So nennt man die Erwärmung der Erde, weil sich strahlungsaktive Gase (Treibhausgase) wie Kohlendioxid in der Atmosphäre anreichern. Beim Verbrennen von Öl und Kohle wird Kohlendioxid freigesetzt und somit der Treibhauseffekt verstärkt.

Tropen
Gebiete in der Nähe des Äquators, in denen es das ganze Jahr über warm ist.

Wanderung
Viele Tiere ziehen zu bestimmten Zeiten im Jahr in andere Regionen.

Winterruhe
Manche Tiere halten in der kalten Jahreszeit Winterruhe. Ihr Stoffwechsel ist dann verlangsamt.

Wirbeltier
Ein Tier, das ein Skelett aus Knochen und eine Wirbelsäule hat; Tiere ohne Wirbelsäule nennt man Wirbellose.

Wüste
Ein Gebiet, in dem kaum Regen fällt; da Wasser für alle Lebewesen überlebensnotwendig ist, können nur wenige Pflanzen und Tiere in der Wüste leben.

Zelle
Eine der winzigen Einheiten, aus denen jeder Körper besteht; die kleinsten Tiere bestehen aus nur einer Zelle, die größten aus vielen Millionen von Zellen.

Register

Register

T

U

V

W

Z

Bildnachweis

o = oben, u = unten, l = links, r = rechts, m = Mitte

1 Denise Kappa/iStockphoto, 2 Christophe Testi/Dreamstime.com, 3 Scheiker/Dreamstime.com, 4–5 Eric Meola/The Image Bank/Getty Images, 6–7 Nick Schlax/iStockphoto, 8–9 Robert Everts/Getty Images, 10–11 Alessandro Bolis/Dreamstime.com, 11l Webking/Dreamstime.com, 11r Karen Moller/iStockphoto, 12–13 Jeremy Walker/Getty Images, 12 Moemrik/Dreamstime.com, 13 James Steidl/Dreamstime.com, 14–15 Philippe Burseiller/Getty Images, 15o Denise Kappa/iStockphoto, 15u European/Getty Images, 16–17 Pavalache Stelian/Dreamstime.com, 17o Robyvannucci/Dreamstime.com, 17u Carolyne Pehora/Dreamstime.com, 18 David Pedre/iStockphoto, 22 DaddyBit/iStockphoto, 23o George Gower/Getty Images, 23u Erick Nguyen/Dreamstime.com, 24–25 Mike Carlson/Dreamstime.com, 25o Luciano Mortula/Dreamstime.com, 25u Rb-studio/Dreamstime.com, 26 Mansell/Time & Life Pictures/Getty Images, 27l William Wang/Dreamstime.com, 27r Matthew Scholey/Dreamstime.com, 28 Sundown/Dreamstime.com, 29o Michael Thompson/Dreamstime.com, 29u Coomerguy/Dreamstime.com, 30–31 Time Life Pictures/Mansell/Getty Images, 30 English School/Getty Images, 31 Rod Lawson/Dreamstime.com, 32o Dan Braus Photography/iStockphoto, 32u Popperfoto/Getty Images, 33 NASA, 34–35 Greg Wood/AFP/Getty Images, 36–37 Joshua Haviv/Stockphoto, 36 Eric Feferberg/AFP/Getty Images, 37 Robert Churchill/iStockphoto, 38l Steffen Foerster/Dreamstime.com, 38r Jerry Cooke/Pix Inc/Time Life Pictures/Getty Images, 39 DNDavis/Dreamstime.com, 40–41 Bruce Hempell/Dreamstime.vom, 41 ASDF-I Dreamstime.com, 42–43 Denis Babenko/Dreamstime.com, 43o Joel Blit/Dreamstime.com, 43u iStockphoto, 44o English School/Bridgeman/Getty Images, 44u Richard Simkin/Bridgeman/Getty Images, 45 Sygma/Corbis, 46 Franck Fife/AFP/Getty Images, 47o Graeme Robertson/Getty Images, 47u Marekuliasz/Dreamstime.com, 48 Stougard/Dreamstime.com, 49o Natalia Bratslavyky/Dreamstime.com, 49u Maria Weidner/iStockphoto, 50o Paul Moore/Dreamstime.com, 51 Stoffi es01/Dreamstime.com, 52 Christopher Howey/Dreamstime.com, 52–53 Elpis Ioannidis/Dreamstime.com, 53 Itinerantlens/Dreamstime.com, 54o Webking/Dreamstime.com, 54u Tiburonstudios/Dreamstime.com, 55 Tall Tree Ltd, 56o Karen Winton/Dreamstime.com, 56u Alena Yakusheva/Dreamstime.com, 57 Chris Harvey/Dreamstime.com, 58 Will Sanders/Getty Images, 58–59 Dreamstime.com, 59 Nivi/Dreamstime.com, 60–61 Eric Meola/The Image Bank/Getty Images, 62–63 Tiero/Dreamstime.com, 63o iStockphoto, 63u Lambert (Bart) Parren/Dreamstime.com, 64–65 Aidar Ayazbayev/iStockphoto, 64 Craig Hanson/Dreamstime.com, 65 Catherine Jones/Dreamstime.com, 66–67 Nikhil Gangavane/Dreamstime.com, 67o Howard Sandler/iStockphoto, 67u Christophe Testi/Dreamstime.com, 68l Shawn O'Banion/iStockphoto, 68r Adriana Barsanti/iStockphoto, 69 Jose Gil/Dreamstime.com, 70 Pavel Alexnikov/Dreamstime.com, 71o Bruno Vincent/Getty Images, 71u Paula Conelly/iStockphoto, 72o Paul Gauguin/The Bridgeman Art Library/Getty Images, 72u Museum of New Mexico, 73 Oliver Strewe/Lonely Planet Images/Getty Images, 74–75 Vojko Kavcic/Dreamstime.com, 75o Edward Shaw/iStockphoto, 75u Monkey Business Images/Dreamstime.com, 76 Ioana Grecu/Dreamstime.com, 77o Daria Khlopkina/Dreamstime.com, 77u Will Hayward/Dreamstime.com, 78–79 Shariff Che'Lah/Dreamstime.com, 78 Alan Tobey/iStockphoto, 79 Eric Ryan/Getty Images, 80o iStockphoto, 80u Terraxplorer/iStockphoto, 81 Pierdelune/Dreamstime.com, 82–83 Andrew Buckin/Dreamstime.com, 83l Pcphotos/Dreamstime.com, 83r Bananaman/Dreamstime.com, 84–85 Daniel Boiteau/Dreamstime.com, 85o iStockphoto, 85u Jakich/Dreamstime.com, 86–87 Richard Bouhet/AFP/Getty Images, 88 Antonio Petrone/Dreamstime.com, 89 O. Louis Mazzatenta/National Geographic/Getty Images, 90 und 90–91 Bob Aimsworth/Dreamstime.com, 91 Kevin Walsh/Dreamstime.com, 92–93 Paul Prescott/Dreamstime.com, 94–95 Panoramic Images/Getty Images, 95 Randall L. Ricklefs/McDonald Observatory, 96 Archive Holdings Inc./Getty Images, 97o Dario Mitidieri/Reportage/Getty Images, 97u iStockphoto, 98–99 Julien Grondin/iStockphoto.com, 99l Adeline Yeo Hwee Ching/Dreamstime.com, 99r Snem/Dreamstime.com, 100 Andy Butler/Dreamstime.com, 101o Scott Rathstein/Dreamstime.com, 101u J. Duggan/Dreamstime.com, 102o Piotr Majka/Dreamstime.com, 102m Fabrizio Argonauta/Dreamstime.com, 102u Evgeny Terentyev/iStockphoto, 103 Pavlos Rekas/Dreamstime.com, 104–105 Tanya Weliky/Dreamstime.com, 105o Bob Aimsworth/Dreamstime.com, 105u Ismael Montero/Dreamstime.com, 106–107 iStockphoto, 107o Mark Kostich/iStockphoto, 107u Popperfoto/Getty Images, 108–109 Kazuyoshi Nomachi/Corbis, 108 und 109 iStockphoto, 110 NASA, 110–111 William Britten/iStockphoto, 111 Alexal/Dreamstime.com, 112–113 Frank Krahmer/Getty Images, 114–115 Chenyhscut/Dreamstime.com, 114 Pancaketom/Dreamstime.com, 115 Joe Gough/iStockphoto, 116–117 Joshua Haviv/Dreamstime.com, 116 Pierdelune/Dreamstime.com, 117l Jack Dykinga/Getty Images, 117r Joshua Lurie-Terrell/iStockphoto, 118–119 Grafi ssimo/iStockphoto, 118 Petra Klaassen/Dreamstime.com, 119 Nasa, 120–121 Peter Clark/Dreamstime.com, 121o Joe Gough/iStockphoto, 121u Stuart Elfl ett/Dreamstime.com, 122–123 Dr. Marli Miller/Getty Images, 122 Reinhard Tiburzy/Dreamstime.com, 123 Dimitry Kozlov/Dreamstime.com, 124–125o Joe Cornish/Getty Images, 124–125u Andreas Sandberg/iStockphoto, 125 Alexander Potapov/Dreamstime.com, 126 Vladimir Kondrachov/iStockphoto, 126–127 Howardliuphoto/Dreamstime.com, 127 Hashim Pudiyqapura/Dreamstime.com, 128–129 Alexander Hafemann/iStockphoto, 128 Armin Rose/Dreamstime.com, 129 Anthony Hathaway/Dreamstime.com, 130–131 Daniel Stein/iStockphoto, 130 Corbis, 131 Wolfgang Amri/Dreamstime.com, 132 Jonathan White/iStockphoto, 133o Dave Raboin/iStockphoto, 133u Wessel Cirkel/Dreamstime.com, 134–135 Nick Schlax/iStockphoto, 135o Robyn Mackenzie/Dreamstime.com, 135u Spunky 1234/Dreamstime.com, 136 Oksana Asai/Dreamstime.com, 137l Francois Etienne Du Plessis/Dreamstime.com, 137r Dirk-Jan Mattaar/Dreamstime.com, 138–139 Adam Jones/Visuals Unlimited/Getty Images, 140 Peter Garbet/iStockphoto, 141u Richard Griffi n/Dreamstime.com, 142 Mikeexpert/Dreamstime.com, 143l Janehb/Dreamstime.com, 143r Tommounsey/Dreamstime.com, 144 Liang Ma/Dreamstime.com, 145o Karoline Cullen/Dreamstime.com, 145u Scheiker/Dreamstime.com, 146–147 Gumenuk Vitalij/Dreamstime.com, 147o Brenda A. Smith/Dreamstime.com, 147u Bill Kennedy/Dreamstime.com, 148 Isabel Poulin/Dreamstime.com, 149l Tessa Rath/Dreamstime.com, 149r Colleen Coombe/Dreamstime.com, 150 Larry Ye/Dreamstime.com, 151o Sandra Cunningham/Dreamstime.com, 151u Laura Bulau/Dreamstime.com, 152l Angela Vetu/Dreamstime.com, 152r Oneclearvision/iStockphoto, 153 Rene Hoffmann/Dreamstime.com, 154 Chris Heller/Corbis, 155o Kai Zhang/Dreamstime.com, 155u Carrie Bottomley/iStockphoto, 156 Peter Elvidge/Dreamstime.com, 157o Feng Hui/Dreamstime.com, 157u Pasticcio/iStockphoto, 158–159 Marek Cech/iStockphoto, 159o Peter Pattavina/iStockphoto, 159u Mark Kolbe/iStockphoto, 160 Maxim Malevich/Dreamstime.com, 161l Ken Cole/Dreamstime.com, 161r Dean Pennala/Dreamstime.com, 162 Vova Pomortzeff/Dreamstime.com, 162–163 Lesya Castillo/Dreamstime.com, 163 Alan T. Duffy 1970/Dreamstime.com, 164–165 Ronald Wittek/Getty Images, 166–167 Ken Cole/Dreamstime.com und John Pitcher/iStockphoto, 166 Sters/Dreamstime.com, 167 Ryszard Laskowski/Dreamstime.com, 168 Anthony Hathaway/Dreamstime.com, 169l Valeri Crafter/iStockphoto, 169r Sandra vom Stein/iStockphoto, 170 Kitch Bain/iStockphoto, 171l Karel Broz/Dreamstime.com, 171r Anita Huszti/Dreamstime.com, 172o Yong Chen/Dreamstime.com, 172u Jean-Marc Strydom/Dreamstime.com, 173 Ian Jeffrey/iStockphoto, 174–175 Neil Bradfi eld/iStockphoto, 174 Edward Duckitt/Dreamstime.com, 175 Jayanand Govindaraj/Dreamstime.com, 176 Chris Fourle/Dreamstime.com, 177o Ramkaz/Dreamstime.com, 177u Lee Dirden/Dreamstime.com, 178 Yegor Korzh/Dreamstime.com, 179o Nicole Duplaix/National Geographic/Getty Images, 179u Gary Unwin/Dreamstime.com, 180 Martin Harvey/Corbis, 181l Ewan Chesser/Dreamstime.com, 181r Rustuy Dodson/Dreamstime.com, 182 Eric Delmar/iStockphoto, 183o Can Balcioglu/Dreamstime, 183u Xavier Marchant/Dreamstime.com, 184 Eric Gevaert/Dreamstime.com, 185l Peter-John Freeman/iStockphoto, 185r George Clerk/iStockphoto, 186o Anna Yu/iStockphoto186u Hudakore/Dreamstime.com, 187 Sebastian Duda/iStockphoto, 188 Pau McCornick/Getty Images, 189 Joe McDaniel/iStockphoto, 189r Nico Smit/Dreamstime.com, 190–191 Tim Laman/National Geographic/Getty Images, 192 Tom Dowd/Dreamstime.com, 193o Marten Elm/iStockphoto, 193u John Pitcher/iStockphoto, 194 Jens Kuhfs/Getty Images, 195o Ken Moore/Dreamstime.com, 195u Dale Walsh/iStockphoto, 196 Evgeniya Lazareva/iStockphoto, 196–197 David Schrader/iStockphoto, 197 Paul Nicklen/National Geographic/Getty Images, 198 Romilly Lockyer/Getty Images, 198–199 Jeff Hunter/Getty Images, 199 Casey und Astrid Witte Mahaney/Lonely Planet Images/Getty Images, 200 Carol Buchnan/Dreamtime.com, 201o Jacek Chabraszewski/Dreamstime.com, 201u Sergey Kulikov/iStockphoto, 202 Mark Kostich/iStockphoto, 203o Tommounsey/Dreamstime.com, 203u iStockphoto, 204 Greg Niemi/iStockphoto, 205o Anup Shah/The Image Bank/Getty Images, 205u Mark Higgins/iStockphoto, 206 Kim Bunker/iStockphoto, 207 Jason Edwards/National Geographic/Getty Images, 208–209 Kim Bunker/iStockphoto, 209o Jerome Whittingham/Dreamstime.com, 209u Thomas Bjornstad/Dreamstime.com, 210o Janne Hämäläinen/iStockphoto, 210 Paul Edwards/Dreamstime.com, 211 Roberto A. Sanchez/iStockphoto, 212–213 iStockphoto, 213l Andrew Howe/iStockphoto, 213r Rui Saraiva/Dreamstime.com, 214 J.C. McKendry/iStockphoto, 215 Jeff Foott/Getty Images, 215r Derek Dammann/iStockphoto, 216l Armin Rose/Dreamstime.com, 216r Bob Ainsworth/Dreamstime.com, 217 Julien Grondin/iStockphoto, 218o Anna Yu/iStockphoto, 218u Hashim Pudiyapura/Dreamstime.com